J'AI ÉTÉ FRANC-MAÇON

André Clodic

CARNOT

ÉDITIONS CARNOT
10, quai Jean-Mermoz — 78400 Chatou
Tél. : 01 30 53 75 05
www.carnot.fr

ISBN n° 2-912362-72-5 Dépôt légal : mars 2003

L'auteur remercie son épouse qui, bien que profane, a partagé avec ferveur et amour la vie maçonnique de son compagnon de route et l'aidé et conseillé pour la rédaction de ce livre.

Introduction

« Qui aime bien châtie bien. »
Proverbe populaire

La véritable influence du lobby maçonnique.

Combien de fois ai-je lu ce titre idiot, ou un autre du même tonneau, barrant régulièrement la couverture des hebdomadaires de toutes tendances ? Les quelques pages qui suivent sont le contraire de ce racolage. J'ai voulu tordre le cou le plus sereinement du monde aux rumeurs qui courent sur cette « société secrète », ce « nid d'intrigants », cette « assemblée de mécréants mystiques » qui représente en France entre 120 000 et 140 000 personnes, membres d'une grosse dizaine d'Obédiences. On peut dire que l'encre coule à leur sujet ! Rumeurs colportées, étoffées, boursouflées par des folliculaires mal informés qui se contentent d'ouvrir leurs oreilles aux bruits qui circulent pour les répandre dans les colonnes de périodiques en mal de tirage.

Même si je l'ai voulu accessible à tous, ce livre s'adresse aussi bien aux Initiés qu'aux Profanes. En le

* Les termes suivis d'un astérisque sont définis dans le glossaire en fin de volume.

concevant de cette manière, je savais que je ne manquerais pas de me heurter à de nombreux obstacles.

J'ai voulu donner au Profane, à ma manière, une idée de ce qu'est cette institution et de la vision de la vie qui découle de ses rituels réputés mystérieux. À ma manière, c'est-à-dire sans éluder les défauts, taire les travers ou cacher les problèmes, mais en conservant une candeur que je revendique. C'est donc avant tout un témoignage. Je n'ai pas la prétention de parvenir à exorciser tous les malentendus, mais je vais m'attacher à présenter la Franc-Maçonnerie telle qu'en elle-même, au travers de l'existence maçonnique d'un homme parmi les autres, de ses joies et de ses peines, de ses espoirs comme de ses erreurs. En ne jouant surtout pas du « mystère » ou du « secret », articles de bazar déjà largement disponibles sur le marché. Les opinions que j'y formule sont le fruit d'une longue expérience dans une institution qui, sans pervertir leur personnalité propre, modèle des hommes particuliers.

Quant aux Francs-Maçons, je voudrais leur affirmer que ce livre est un appel sincère : il n'est ni un pamphlet ni un réquisitoire. Il s'agit aussi d'une initiative personnelle. Je ne m'exprime nullement au nom de mon ancienne Obédience et les opinions qui suivent, les propositions ici développées n'engagent par conséquent que leur auteur. Il n'est pas question non plus de « régler mes comptes » avec l'Ordre maçonnique, j'essaie simplement de lui tendre le miroir.

Car, si je peux écrire que « j'ai été franc-maçon », je sais aussi que je le demeurerai *jusqu'à l'Orient éternel**.

Chapitre 1

Du Profane au Candidat

> *« C'est la nuit qu'il est beau de croire à la lumière. »*
> Edmond Rostand,
> *Chanteclerc*

Impatient, je marche vite ce jour-là dans Paris. Parvenu enfin dans cette impasse, je n'accorde qu'un regard distrait aux étals qui encombrent ses trottoirs étroits. Et pourtant, le spectacle du petit marché de quartier vaut le coup d'œil. L'impasse grouille, exubérante, traversée par les cris des marchands, bruissant des bavardages de commères. Réunis en un seul tableau, il y a là tous les ingrédients de la vie. Mais aujourd'hui, j'ai un but.

Ainsi qu'on me l'a dit, je vais *chercher la Lumière* !

J'ai souri à l'expression, me gaussant de sa prétention, mais en définitive je ne sais pas grand-chose de ces Francs-Maçons. Mon père en a arraché quelques-uns aux griffes de l'occupant et il en a gardé, me le transmettant, le souvenir d'hommes affables, ouverts aux autres, qui savent écouter. La belle affaire ! Pour ma part, je n'ai de la Franc-Maçonnerie qu'une connaissance lointaine et peu documentée, auréolée du parfum de secret et de conspiration de mes souvenirs d'enfant.

Sans le savoir, je m'apprête à brûler les étapes d'un rituel millénaire.

Quelques semaines auparavant, j'ai lu ou vu quelque part qu'une conférence publique, consacrée à un thème de recherche qui me passionne, est organisée avec des intervenants prestigieux, dont un prix Nobel de la paix. Que cette réunion soit sous l'égide du Grand Orient de France n'a pour moi aucune espèce d'importance. Je me contente d'appeler le numéro indiqué, de demander à un secrétariat un bulletin d'inscription, de le remplir et de le renvoyer. Et je ne suis pas plus étonné que ça de recevoir mon invitation.

Au jour dit, la grande salle au rez-de-chaussée d'un immeuble cossu est comble. L'assistance essentiellement masculine est disparate, composée de jeunes et de moins jeunes, de gens aisés et d'autres, dont je suis, qui le sont visiblement moins. Le public n'en est pas moins soudé par l'attention qu'il porte aux intervenants bien alignés sur l'estrade, au milieu desquels figure un homme aux cheveux grisonnants, ceint d'un somptueux cordon, sur lequel apparaissent des motifs cabalistiques recouverts d'or. Je fixe longuement cet homme énigmatique, qui me semble bien ésotérique en la circonstance. Il se présente comme le Grand Maître de l'Obédience et prononce quelques mots de bienvenue avant de laisser la parole aux orateurs.

Je me souviens avoir été étonné par une indéniable qualité d'écoute et, au cours du débat public qui suit les interventions, par la sérénité, l'objectivité et la courtoisie des différentes prises de parole. Les rares remarques agressives soulèvent la réprobation silencieuse mais ferme de la majorité de l'assistance.

À la sortie, répandus sur des tables, quelques prospectus résument l'histoire de l'Ordre et ses objectifs. J'en prends quelques-uns, machinalement. Dans le hall, le démocrate que je suis s'arrête devant un vaste frontispice sur lequel sont gravés les articles de la *Déclaration des droits de l'homme*. On pourrait croire, tant la solennité est patente, qu'il s'agit là des Tables de la Loi, et de celles-là mêmes que Moïse ramena de sa retraite sur le Sinaï !

De retour chez moi, je parcours les documents que j'ai rapportés. Peu de chose en somme : ils exposent succinctement les grandes orientations de la Franc-Maçonnerie, font un peu d'histoire. Ma vie reprend son cours ordinaire.

Quelle n'est pas ma surprise, trois semaines plus tard, de recevoir une lettre du secrétariat de l'Obédience. Elle commence sans préambule par :

Monsieur,

Vous avez demandé votre admission à notre Ordre…

« Ça alors ! Ils sont gonflés ! »

On m'y fait même carrément une proposition de date :

Vous êtes invité à vous présenter tel jour, telle heure, telle adresse... sans plus de précisions quant aux raisons de cette invitation.

Par quels détours les responsables de l'Obédience ont-ils pu croire que l'auditeur silencieux venu entendre une simple conférence se métamorphoserait en « Candidat » ? Cette démarche est-elle accomplie pour tous les participants à ces conférences ? Ai-je été plus curieux que les autres à l'issue des débats ?

Le procédé m'étonne sans que, finalement, j'en prenne véritablement ombrage. Par défi peut-être, par curiosité sans doute, et aussi parce qu'en définitive je me sens concerné sans m'en apercevoir réellement, je me rends tout simplement à cette invitation.

Et me voici donc dans cette impasse animée, allant *chercher la Lumière*.

À l'approche de cette grande bâtisse, au modernisme discrètement provocant, je ralentis le pas. C'est là qu'avait eu lieu la conférence, je ne pensais pas franchir à nouveau ce seuil. La lourde porte, cette fois, n'est pas ouverte. Je sonne. Je me présente. On me fait entrer.

L'homme qui se tient devant moi est affable, quoique austère dans son costume strict et sombre. Il porte cravate sur une chemise immaculée. Il me précède sans un mot dans le grand hall, celui-là même que la *Déclaration des droits de l'homme* écrase de sa majesté. Nous passons à côté de la porte de la grande salle que je connais déjà, et nous nous engageons dans un couloir où sont exposées des sculptures représentant des individus emphatiques, des groupes figés dans des poses pleines de vigueur. Chaque œuvre comporte plusieurs éléments ésotériques. Il y a aussi de petites plaques comme celles qui indiquent titre et auteur, mais mon guide ne me laisse pas le temps d'en prendre connaissance. Trottant derrière lui, je n'ai même pas le temps de me demander ce que je suis venu faire ici. Nous pénétrons dans un second hall, plus petit, où un autre homme semble nous attendre. Lui aussi est strict, sobrement vêtu.

— Vous êtes M. Clodic ?

— Oui.

La voix est grave et chaleureuse, la poignée de main ferme et franche.

— Voulez-vous me suivre ?

Je parcours derrière mon cicérone un autre long couloir. Nous montons quelques marches, et enfin nous atteignons une porte, qu'il m'ouvre. Il s'efface et me prie d'entrer.

— Voulez-vous patienter quelques minutes, Monsieur ? On va venir vous chercher.

Il referme doucement derrière moi.

Je suis seul dans une petite pièce peu éclairée, neutre et sans décorations. Il y a quelques chaises alignées le long d'un mur et, au centre, une petite table rectangulaire. Je marche de long en large, sans parvenir à cerner avec précision ce que je ressens. L'attente dure environ une demi-heure, je commence à me demander si je ne vais pas laisser tout cela en plan lorsque j'entends frapper d'une main légère.

— Oui ?

La porte s'ouvre sur un troisième homme d'environ trente-cinq ans, grand, mince, vêtu aussi sobrement que ses acolytes. Il déclare, sans préambule :

— Je suis chargé de vous conduire.

Je le suis. Un autre escalier se dresse, plus long, insonorisé, recouvert de dalles claires qui renvoient les rayons projetés par un vif éclairage tombant du plafond. L'ensemble est moderne, presque futuriste. Moi qui croyais que les Francs-Maçons se complaisaient dans les décors surannés… J'imaginais leurs locaux plus… empreints d'Histoire, disons. La façade de l'immeuble, le hall du rez-de-chaussée auraient pourtant dû m'alerter.

Parvenus au croisement de deux couloirs, aux murs chargés de vastes tableaux abstraits aux envolées multicolores, mon guide s'arrête et se retourne. Il a la main serrée sur un morceau d'étoffe noire que je n'avais pas remarqué.

D'un ton grave, il me dit :

— Je suis obligé de vous bander les yeux, pardonnez-moi.

Décontenancé, je me laisse faire néanmoins. À la réflexion, cela ne me surprend pas vraiment : après tout, je sais déjà qu'ils ont le goût du secret et de la mise en scène. Le bandeau est large et empêche la moindre lumière de passer. J'hésite, lève mes mains en quête de repères tactiles. Une main secourable me saisit l'avant-bras. Mon guide me murmure à l'oreille :

— Ne craignez rien, je suis là pour vous aider.

Nous parcourons dix mètres environ, j'avance comme un somnambule. Soudain, nous nous arrêtons. On frappe trois coups, sans doute à une porte. Un dialogue s'engage aussitôt à travers l'huis, fort, scandé. L'émotion qui commence à m'étreindre m'empêche d'en saisir le sens.

La porte grince sur ses gonds. C'est bien la première que j'entends grincer dans cet immeuble. Mon accompagnateur, tout en continuant à me tenir, me dit doucement :

— Baissez-vous, Monsieur !

En même temps, je sens sa main sur ma nuque qui me force à me ployer jusqu'à ce que je sois pratiquement accroupi.

— Avancez, s'il vous plaît !

Je fais dans cette fâcheuse posture quelques pas à croupetons. Presque aussitôt, mon guide me demande de me relever, appuyant son propos d'une main énergique. Quelques pas encore, puis il pousse une chaise, me fait asseoir et m'abandonne. Le poids de sa main sur mon avant-bras me manque dans ce silence pesant qui m'environne. Un silence d'autant plus angoissant qu'il est peuplé de respirations que je devine nombreuses. Elles m'entourent, presque palpables. Un instant je pense à arracher ce stupide bandeau, à quitter cette mascarade, mais un raclement de gorge interrompt mes pensées, aussitôt suivi d'une voix chaude, plus amicale que je ne l'espérais :

— Je vous souhaite la bienvenue, Monsieur. Permettez-nous de vous poser quelques questions. Il ne s'agit nullement d'un interrogatoire, rassurez-vous, et n'y voyez aucune volonté d'humiliation. Mettons que cela correspond à une sorte d'épreuve qui va nous permettre de mieux vous connaître, de nous faire une idée de votre personnalité.

Une première question vient alors de ma gauche. Elle est simple et je parviens à balbutier une réponse cohérente. J'ai conscience d'être tendu comme un arc. La seconde fuse derrière mon dos. Je suis parvenu à trouver une place à mes mains, je m'adosse plus calmement sur ma chaise. Une troisième à droite, devant. Au fil de ces questions, à partir de leur provenance et de la distance des voix, je me construis une petite géographie. Je suis vraisemblablement dans une vaste salle, et tous mes questionneurs sont installés sur ses côtés. Ma chaise paraît être au centre.

Sans le savoir, je suis dans le saint des saints, le Temple maçonnique.

Les questions se multiplient, elles concernent mes opinions, mes idées, mes options philosophiques, humaines, politiques, religieuses. On m'interroge sur mes lectures, mes loisirs, mes goûts pour ceci ou cela, ma vision de la vie « dans la Cité », comme ils disent.

L'une des dernières, évidente pourtant, me laisse perplexe :

— Pourquoi souhaitez-vous devenir franc-maçon ?

De fait, je ne l'ai pas clairement souhaité. Je suis venu jusqu'ici sans véritable objectif. Mais pas complètement naïf non plus, maintenant que j'y réfléchis. Un peu par curiosité, en somme, avec l'espoir inconscient qu'il se passerait « quelque chose ». Je voudrais me lancer dans une explication qui montrerait comment, ayant assisté à une conférence, j'en suis venu à être assis là, aveugle devant eux. Un processus qui finalement semblait inexorable. Mais je me cantonne à avouer simplement :

— Eh bien, en toute humilité… je ne sais pas exactement.

Le silence se fait de nouveau. La première voix, celle qui m'avait accueilli, reprend :

— Nous vous remercions. Vous serez tenu informé de notre décision.

Sans connaître la nature précise de cette décision, je murmure un merci hâtif et j'ajoute, tandis que je sens la poigne de mon guide sur mon bras :

— Messieurs, je vous souhaite une excellente soirée !

— Par ici, Monsieur, je vous raccompagne.

Mon guide me fait baisser à nouveau et je suis soumis au même rituel qu'à l'entrée. J'entends la porte se refermer derrière moi, je me relève.

Quel besoin ai-je eu de faire ainsi assaut de politesse ? Était-il nécessaire de sembler parfaitement à mon aise ? Rétrospectivement d'ailleurs, je m'aperçois sur le chemin du retour qu'au fur et à mesure que les questions fusaient, alors que mon émotion était grande — des images de l'Inquisition de Torquemada me sont même venues à l'esprit —, elle ne s'est pas transformée en panique, ainsi que j'aurais pu le craindre. Au contraire, elle s'est atténuée et je me suis laissé happer par les sujets abordés, faisant peu à peu abstraction du lieu, des circonstances et des voix inconnues pour affirmer qui j'étais, comme dans un salon au cours d'une conversation courtoise. Peut-être ma cécité provisoire m'a-t-elle aidé à prendre cette distance ? Toujours est-il que c'est parfaitement serein que j'ai terminé cette étrange séance. J'ai eu le sentiment fort d'avoir participé à une scène aussi symbolique que significative, même si je ne sais absolument pas en quoi, ni comment elle l'a été.

D'une légère pression, la main m'arrête. Elle m'ôte mon bandeau, je cligne des yeux dans la clarté de cet escalier lumineux que j'ai déjà emprunté. Je me tourne vers mon guide, c'est bien le même homme qu'à l'aller.

— Ne vous donnez pas la peine de me raccompagner, Monsieur. Je trouverai bien mon chemin tout seul…

Il sourit et me regarde comme s'il jaugeait un enfant naïf. D'une voix amusée, il me répond :

— Je vous en prie, je serais heureux d'être avec vous jusqu'à ce que vous ayez quitté l'immeuble.

Sans ajouter un mot, il m'entraîne dans l'escalier, puis les couloirs où il ne me laisse pas plus de temps pour prendre connaissance des panonceaux des statues. Enfin parvenu devant la porte d'entrée, il se retourne, me tend une main dont la pression fugitive m'incite à sortir sans aller plus avant dans les politesses. Le lourd vantail se referme.

Me voilà dans la rue à nouveau, un peu hagard, ne sachant plus très bien si j'ai rêvé tout cela ou pas. Il est tard visiblement, les commerçants rentrent leur étal. Un œil sur ma montre m'indique qu'en effet il est 20 h 30. Je traverse pour embrasser du regard cet immeuble où je viens de passer plus de quatre heures, dans un étrange théâtre d'ombres au jeu subtil, nuancé et ponctué de symboles, d'introspections et de rites. C'est le début d'un long apprentissage dont je viens de gravir la première marche, mais je l'ignore encore.

La soirée de printemps est douce. Sur le boulevard que je remonte pour rentrer chez moi, les moineaux de la ville s'en donnent à cœur joie dans les hautes branches de ces arbres qui s'obstinent à survivre. La mégapole se recroqueville lentement sur elle-même pour faire sa nuit.

Plus d'un mois s'écoule.

Sans le moindre pli dans ma boîte aux lettres. Je piaffe, je fulmine en estimant que mes hôtes d'un soir montrent une certaine légèreté dans le traitement de leurs recrues. Positive ou négative, mais au moins une réponse !

Ma fébrilité me décide à décrocher le téléphone pour appeler le seul membre de l'Obédience dont j'ai eu les coordonnées : il les a inscrites sur l'un des documents que j'ai pris sous ses yeux à cette fameuse conférence.

D'abord surpris, il répond à mes intempérances avec cette courtoisie que j'ai déjà pu remarquer, si loin de ce que sont mes rapports ordinaires avec les autres, professionnellement notamment :

— Monsieur, nous ne devions vous faire part de notre décision que dans quelques jours !

— Eh bien, moi je veux savoir…

— Sans doute comprendrez-vous par la suite l'importance de ce délai. Il est nécessaire.

— Mais…

— Laissez-moi terminer !

— Pardon.

— Toutefois je puis vous dire dès à présent, sans déroger à mes devoirs vis-à-vis des autres personnes qui vous ont entendu… que la décision est favorable.

Et en effet, je trouve bientôt une lettre succincte me conviant une nouvelle fois à venir au siège de l'Obédience. Un samedi, en début d'après-midi.

J'y suis ponctuel et le même homme qu'à mon précédent « entretien » m'y reçoit, dans le même hall, avec la même aménité. Sous la *Déclaration*, il y a foule cette fois. Des personnages qui se saluent en accomplissant un geste des doigts trop complexe pour être fortuit. Ils se font ensuite une sorte d'accolade. Je comprends qu'ils sont sans doute « Frères ».

On s'interpelle bruyamment et des groupes se forment, quittant l'un après l'autre le hall. Il n'y reste bientôt plus que deux quidams en plus de moi.

Assis sur le bord de leur siège, les mains prudemment posées sur les genoux, mes acolytes ont observé à la dérobée l'agitation autour d'eux.

Je ne dois pas paraître beaucoup plus sûr de moi, mais curieusement, comme la fois précédente, il me semble avoir pris le dessus sur mon émotion. Je ne me sens pas véritablement étranger à ce qui m'environne. J'ai l'impression d'être dans un moule que je reconnais pour mien, soutenu par une force inconnue. J'en suis d'autant surpris qu'on croirait qu'il n'en va pas de même pour mes deux compagnons. L'un d'eux en tout cas est trahi par un léger tremblement des mains. L'autre paraît fébrile. Et eux, que lisent-ils dans mon attitude ?

Deux messieurs viennent vers nous, nous prient de les suivre. Je leur emboîte le pas docilement. Les autres Candidats disparaissent à mon regard. On me fait entrer dans un réduit, sorte de placard à peine éclairé par une bougie sur une petite table. Une table où sont posés quelques feuilles de papier et… un crâne. La chaude lueur jaune de la chandelle joue sur les murs tendus de toile, exagérant les contrastes. J'ai l'impression de pénétrer dans l'une de ces « vanités » que peignaient les peintres hollandais du XVIe siècle.

— Asseyez-vous, je vous prie, me propose mon guide. Vous avez devant vous un questionnaire que vous voudrez bien remplir. Je reviendrai vous chercher dans un moment.

Il ferme la porte, je suis seul. Je n'ai pas entendu le cliquetis d'un verrou. Je suis donc libre de quitter mon réduit, si je le souhaite. « Un moment », a-t-il dit, ce n'est pas très précis. Je considère ma bougie avec méfiance, me demandant combien de temps elle mettra pour se consumer et me laisser dans la plus totale obscurité. Une heure, un peu plus peut-être… C'est à cet instant qu'un personnage entre et me tient un discours étonnant, en hésitant sur ses mots. Mais je reviendrai plus longuement sur ce personnage.

Un peu étonné tout de même par ce que je viens d'entendre, je m'empare des feuillets et commence à répondre. Les questions sont du même ordre que celles auxquelles j'ai déjà répondu avec un bandeau sur les yeux. Mais il n'y a plus ni surprise ni spontanéité de ma part : là, j'ai le temps de rédiger. Pas trop quand même, la chandelle brûle. Une nouvelle fois, après avoir répondu à tout de mon mieux, je bute sur la question-piège : « Pourquoi voulez-vous devenir franc-maçon ? »

Je n'ai pas plus de réponse que la dernière fois. C'est idiot. J'ai suivi une impulsion dans une sorte d'itinéraire instinctif, quelque chose comme ça. Cela me satisfait pour l'instant. Pour répondre, encore faudrait-il que je sache ce que signifie « être franc-maçon ».

Je n'en ai qu'une idée très vague, faite de lectures, d'échos, de conversations. Ils sont les héritiers des Compagnons du Moyen Âge, une confrérie d'hommes qui s'appellent entre eux « Frères », donc ils doivent être solidaires. Ils me paraissent portés par un esprit de générosité, de tolérance et d'ouverture aux autres. Et puis il y a les critiques parfois virulentes à l'encontre des « Frères Trois Points », de leur ingérence dans la vie politique, de leur omniprésence dans tous les rouages de la société, voire de leur affairisme. Toutefois, je n'ai jamais fait grand cas de ces vitupérations qui, dans la bouche de certains politiques, deviennent éructations : le fameux *complot judéo-*

maçonnique auquel on devrait tous les maux du pays. Un lieu commun qui serait risible, s'il n'était pas si bêtement dangereux.

Mais ma chandelle ne va pas tarder à mourir. Il me faut mettre quelque chose, je ne peux pas laisser cette partie en blanc. Alors, appliqué, j'écris : *Pour apporter ma contribution à la réflexion collective des Francs-Maçons, dans un esprit de tolérance, de respect d'autrui et de solidarité.*

C'est assez général, un peu ambitieux peut-être, mais quoi… je ne manque pas d'ambition !

Hasard ou préméditation, la porte s'ouvre enfin alors que la bougie jette ses derniers feux. C'est le même homme que tout à l'heure.

— Avez-vous terminé, Monsieur ?

— Oui.

Avant que je ne puisse me lever, il se penche par-dessus mon épaule et se saisit des feuilles de papier sur lesquelles j'ai consigné mes réponses.

— Suivez-moi, s'il vous plaît.

Je retrouve le long couloir aux statues, au milieu duquel mon guide stoppe soudain, et me demande tout à trac :

— Veuillez retirer votre veste, je vous prie. Enlevez également votre cravate, et remettez-moi tout ce que vous avez d'objets métalliques sur vous.

Interloqué, je m'exécute néanmoins et je remets consciencieusement à mon « hôte » ma montre, mes clés, quelques pièces de monnaie.

— Vous n'avez rien d'autre de métallique ?

— Non, je ne crois pas…

— Il me semble que la boucle de votre ceinture…

— Ah oui, en effet, je vais…

Il m'interrompt d'un geste de la main, en souriant.

— Ce n'est rien, vous pouvez la garder !

Il sort de sa poche une large étoffe noire.

— Il me faut vous bander les yeux !

Encore ? Vont-ils me faire revivre la précédente épreuve ? C'est en tout cas le même rituel : je dois me courber pour entrer dans ce qui me semble être la grande salle au silence à peine troublé par les respirations. Quelqu'un éternue, je sursaute.

Puis je sursaute à nouveau lorsqu'une deuxième main se pose sur mon autre bras. Commence alors l'étrange cérémonie qui va constituer la première étape de mon initiation.

*

* *

Si j'ai essayé de conserver aux scènes que je viens de dépeindre la candeur qui était la mienne à cette époque, il convient de fournir au lecteur non initié quelques clefs, et au Franc-Maçon quelques explications.

L'une des clefs est historique. Même si nous reviendrons sur cette vision un peu étriquée de l'histoire maçonnique, peut-être est-il temps en effet de donner quelques jalons historiques reconnus ? Ces éléments seront utiles au Profane pour la compréhension pleine et entière de ce qui suit.

Au Moyen Âge où elle est censée naître, vers le XIIe siècle, la Maçonnerie est d'abord *opérative*, en ce sens qu'elle agit directement sur la matière puisqu'elle regroupe uniquement, sinon des maçons, au moins des hommes qui bâtissent. Ils forment à l'époque une élite enviée, quasi magique aux yeux des béotiens, eux qui sont capables d'édifier des cathédrales en tissant la pierre comme d'autres font des dentelles. Les secrets techniques sont précieux, ils se transmettent petit à petit aux apprentis, dont seuls quelques-uns parviendront à embrasser tous ceux d'un corps de métier, voire à en créer de nouveaux. L'analogie vaut ce qu'elle vaut, mais on peut parler de syndicats, en quelque sorte, dans lesquels les Frères se serrent les coudes, se promettent aide et assistance, se passent de l'un à l'autre les arcanes de leur savoir-faire. C'est sur ces bases-là que la Maçonnerie va s'édifier, justement sans jamais perdre la référence symbolique constante au patient et méticuleux travail de construction, au sens strict.

L'évolution, relative mais réelle, du travail de ces bâtisseurs — qui se répand et devient moins mystérieux — va conduire ces organisations professionnelles à des refontes successives, à un élargissement progressif. C'est la période dite *de transition*, aux XVIe et XVIIe siècles, qui voit ces groupes s'ouvrir à d'autres corps de métier, à d'autres couches sociales, à d'autres idées. Et, petit à petit, la force de ces cercles fermés et solidaires va s'étioler.

En 1717 est fondée à Londres la Grande Loge, dont les Constitutions restent encore aujourd'hui les fondements de référence de la Franc-Maçonnerie universelle, qui devient *spéculative*. Les « spéculations » de cette Grande Loge et de ses ramifications vont jouer un rôle considérable pendant le Siècle des lumières. Introduite en France dès 1725 par des exilés anglais, jacobites fidèles à la cause des Stuarts, elle pèsera de tout son poids dans la Révolution française. La structure des Loges va servir en effet d'ossature aux clubs révolutionnaires qui forceront la main aux assemblées et conduiront le pays, après nombre de détours sanglants, à la République. Desmoulins, Danton, Condorcet mais aussi Marat et Guillotin sont « gentilshommes maçons ». Les Bonaparte — et nombre de bonapartistes — le seront aussi.

Cela ne se fera pas, pendant cette période mouvementée tant en France que partout ailleurs, sans des luttes intestines fratricides, des scissions et des claquements de portes. En 1813, l'*Act of Union* met théoriquement fin à ces déchirements et fait de la Grande Loge unie d'Angleterre la Loge mère de toutes les autres. Cette hégémonie, pour fédératrice, n'en reste pas moins contestée aujourd'hui encore, génératrice en quelque sorte de doctrines peu compatibles avec l'esprit même de la Maçonnerie spéculative.

Sans entrer dans les détails, depuis les débuts de l'ère moderne, dans notre pays et ailleurs, de nombreux schismes vont aboutir à une multiplicité d'Obédiences, qui s'opposent sur la question de la liberté de conscience et de croyance notamment, mais aussi sur la mixité.

Son aspect initiatique, la pratique secrète de rituels auront conduit de nombreux corps constitués à lutter au cours de ces quelques siècles contre l'influence, vraie ou fantasmée, de la Franc-Maçonnerie : l'Église, très souvent — d'où cette réputation d'anticléricalisme —, des gouvernements — la Restauration, celui de Vichy —, des associations, des partis, etc.

Pour revenir à mes premiers pas en Maçonnerie, j'ai promis quelques explications nécessaires.

Ainsi, ce n'est certainement pas de cette manière que l'on *frappe à la porte du Temple* ! Cette histoire, la mienne, n'est nullement la norme. Il faut, en règle générale, un « Parrain » pour entrer dans une Loge*. Il deviendra par la suite le guide du futur Initié. Il sera responsable, à l'égard de ses pairs, de son cheminement maçonnique et, le jour de son initiation, il prononcera devant tous les Frères de la Loge un serment solennel par lequel il s'engagera à l'assister, à le conseiller dans sa démarche, à corriger éventuellement ses erreurs dans l'interprétation des textes et des rituels. Ce n'est que plus tard que j'apprendrais que cette première partie de mon parcours avait un caractère original. Un Parrain me sera donc désigné. C'est un Maître Maçon et, sous sa houlette, je vais saisir un peu mieux l'héritage sémantique de la Maçonnerie opérative et la notion de « métier » dans le Compagnonnage. Du coup, les termes et expressions utilisés en Loge me deviennent plus parlants. Pour désigner la Loge, les Francs-Maçons utilisent volontiers l'expression *Atelier** — ou *Chantier* — et ils sont invités, à l'ouverture des travaux, à *reprendre les outils**. Mon Parrain m'explique aussi l'organisation spatiale du Temple, orientée vers l'Orient, vers le lever du Soleil. Il y a deux *Colonnes** sur lesquelles les sièges des Frères sont disposés : celle du Nord, qui est à droite du Vénérable*, et celle du Midi, à sa gauche. (Pour plus de détails, le lecteur se reportera en annexe au plan du Temple ou au petit glossaire des termes maçonniques.)

L'homme à qui mon impatience me fait téléphoner pour avoir des précisions… n'était autre que le Vénérable de la Loge ! Le « Président » de ce groupe-là, en quelque sorte. Pourquoi avais-je ses coordonnées ? C'est à lui qu'il faudrait le demander.

Avait-il décelé chez moi, au soir de cette conférence, un intérêt plus prégnant que chez d'autres ? Même si je n'ai pas eu moi-même ce sentiment, lui ai-je paru plus motivé, plus curieux ? Assez en tout cas pour que lui, le Vénérable, décide de me donner les moyens de le joindre. Sans doute a-t-il imaginé que je me documenterais par ailleurs puis que, connaissant les usages, je chercherais à avoir un « Parrain ». En tout cas, à la surprise qu'il a manifestée devant mon appel, je sais qu'il ne s'attendait pas à ce que je lui tire ainsi les vers du nez.

Pourquoi, avant de me faire entrer dans la grande salle du Temple, me fait-on ôter les objets métalliques que je porte ? L'expression dit qu'il faut *laisser ses métaux à la porte du Temple*. Le symbole signifie que l'on abandonne, avant de pénétrer dans l'enceinte sacralisée, tout ce qui fait la distinction sociale entre Profanes : médailles, récompenses et richesses, et au-delà titres, honneurs, notoriété, signes extérieurs d'aisance ou de réussite. On franchit le seuil du Temple en tant que Frère, pas plus ceci ou cela qu'un autre. Que ma boucle de ceinture n'entre pas dans ce cadre, évidemment. C'était simplement de la part du Couvreur* un trait d'humour que je ne pouvais pas encore comprendre.

Cette ignorance explique aussi le sourire du Tuileur* devant ma proposition de regagner seul la sortie à l'issue de la première épreuve. Il sourit car il ne saurait être question de laisser un Profane errer seul au sein du Temple, même en dehors du saint des saints. Cette tradition, héritée du temps des Compagnons où il fallait protéger les secrets techniques de la confrérie, perdure aujourd'hui. Je n'avais pas l'intention évidemment de profaner quoi que ce soit, mais... j'aurais pu le faire ! Par ignorance, par étourderie... ou par malignité !

Une petite anecdote à propos du *Cabinet des réflexions*, puisque c'est ainsi qu'on appelle ce réduit avec le crâne et la bougie. Cette ambiance particulière, censée inspirer à l'impétrant une méditation sur la précarité de l'existence, la vanité de ses ambitions et peut-être aussi un peu d'appréhension, cette ambiance me fit, moi, sourire. Non pas que j'ai été moins impressionnable, non ! Simplement, j'avais eu un professeur, dans les premières années de ma scolarité, qui plaçait un crâne sur son pupitre. Peut-être était-ce pour lui une façon de composer, pour notre édification, sa propre vanité, au sens pictural ? Pour nous, en tout cas, à l'âge où nous jouions aux billes dans la cour de récréation, la portée de ce geste ne nous atteignait pas réellement. Sans doute avions-nous de ce crâne une peur diffuse avec laquelle il nous fallait composer, mais la portée réelle de sa présence sur le pupitre de notre professeur nous passait largement au-dessus. Nous y étions habitués, faisant même des blagues à son propos. Aussi la vue de ce symbole dans le Cabinet des réflexions ne m'a guère impressionné et même, au contraire, le souvenir de ce professeur m'a fait sourire.

Enfin, nombre de Frères, et même de Profanes, seront perplexes devant la légèreté de ma motivation : *Mais comment pouvait-il ne pas savoir ? On ne vient pas solliciter son admission à un Ordre initiatique aussi prestigieux, sans avoir conscience de la portée de son geste !*

Et pourtant, c'est la vérité ! Aussi étonnant que cela puisse paraître, je ne me suis posé aucune question, me satisfaisant de suivre les indications qui m'étaient fournies. Je n'ai pas tenté de savoir, ni auprès du Vénérable de la Loge qui m'avait inexplicablement fourni les moyens de le contacter, ni par une recherche personnelle — dans une librairie un peu fournie, dans des revues… —, ce que pouvaient être une initiation, les motivations affichées par la Maçonnerie, ou quoi que ce soit d'autre. Jusque dans le Cabinet des réflexions, devant mon questionnaire, je persistais singulièrement à ignorer les motifs qui m'y avaient amené. Réellement, je ne savais pas à ce moment précis, sur le seuil d'une appartenance maçonnique probable, si mes propres opinions correspondaient bien aux convictions que proclament, hautement et fièrement, toutes les Obédiences, qu'elles soient déistes ou pas, mixtes ou non. Pour la simple raison que je ne les connaissais pas !

J'avais le sentiment, depuis cette conférence, d'être entré dans une sorte de processus inexorable, le même qui fait que le clou s'approche de l'aimant. J'ai souvent entendu dire qu'on ne naît pas franc-maçon, mais qu'on le devient. Il est cependant de futurs Frères qui sont reconnus comme tels par des Initiés, alors qu'ils n'ont même pas dépassé la première épreuve. C'est bien le sentiment que modestement j'ai éprouvé, comme si « en être » avait été pour moi une prédisposition à cette identité particulière.

C'est comme cela que je m'explique mon calme lors du premier « interrogatoire ». Alors même que j'ai constaté, après mon initiation, en assistant de l'autre côté du bandeau à moult auditions, que bien des Candidats étaient oppressés par l'angoisse, que des gens brillants perdaient leurs moyens. Au point que, dans la plupart des Loges, les Frères adoptent lors de cette épreuve une attitude pleine de compréhension, tenant compte du désarroi de l'impétrant.

Toutefois, pendant tout mon parcours maçonnique, je ne chercherai jamais à me départir de cette candeur. Pas plus que je ne chercherai, à chaque nouvelle étape, à en savoir plus sur la suivante. Question de nature sans doute, mais aussi volonté plus ou moins consciente d'inscrire ma démarche dans une continuelle découverte. Cette attitude sera déterminante dans mon vécu initiatique.

Mes motivations réelles étaient peut-être définies « en creux ». Non pas comme une adhésion consciente, mais comme une sorte de rejet de ce que je vivais dans mon cadre professionnel d'alors où, effectivement, l'ambiance était à l'agressivité, aux rapports de force, aux mesures directives. Le Temple me semblait, lui, un havre de tolérance, avec sa *Déclaration des droits de l'homme* trônant dans le hall. J'étais vraisemblablement en quête… d'invraisemblable ! D'une spiritualité laïque que j'aurais cherchée en vain dans une société ultra-organisée, policée et procédurière, qui bannissait l'imaginaire. Je pressentais peut-être que ce poids social allait étouffer mon désir d'un espoir en… autre chose.

Quoi ? L'avenir allait me le dire.

Chapitre 2

Du Candidat à l'Apprenti

« On risque autant à croire trop qu'à croire trop peu. »
Denis Diderot,
Pensées philosophiques

La cérémonie d'initiation commence donc. Tout au long de ces « voyages » successifs, ponctués d'obstacles symboliques, un bras secourable me guide.

Que le lecteur me pardonne, je ne désire pas décrire ici par le menu en quoi ces « voyages » consistent. Non pas que je veuille préserver quelque secret terrible, certes non. Mais je crois tout simplement qu'on ne peut pas décrire un vécu initiatique.

Il y a des pas, des questions, des obstacles, des passages dont on pourra trouver ailleurs, si l'on y tient, des descriptions plus ou moins réalistes, plus ou moins fantaisistes, motivées soit par le besoin stérile de transgression, soit par l'appât du nombre d'exemplaires vendus. Ces descriptions m'ont toujours fait penser aux travaux de ces rédacteurs publicitaires qui se substituent à l'anthropologue pour dépeindre les danses traditionnelles de telle ou telle tribu dans un prospectus de voyagiste.

Je crois pour ma part en toute sincérité qu'il n'est pas possible, même initié, de se substituer à celui qui parcourt l'itinéraire de l'initiation. Je reviendrai plus bas sur son historique et sa symbolique, mais à aucun moment on ne peut assimiler cela à je ne sais quel folklore emplumé.

L'initiation — qu'elle soit d'ailleurs maçonnique ou non, j'insiste sur ce point — est un phénomène intense, intime, perçu différemment par chaque individu et, qu'il s'en rende compte à cet instant ou pas, fortement constitutif de sa personnalité à venir.

Comment décrire cela sans raccourcis approximatifs et insatisfaisants ?

Disons que, ce jour-là, il me semble participer comme un automate à un psychodrame dont la signification m'échappe sur le moment. Je ne saisis, au passage, que la notion de mort rituelle, que l'on retrouve dans presque toutes les initiations de toutes les civilisations, tant « primitives » qu'évoluées, depuis la haute Antiquité.

L'épisode le plus intense pour moi est celui où le Vénérable Maître demande à l'un des assistants placés derrière moi :

— Que voulez-vous pour les récipiendaires ?

— La lumière, Vénérable Maître !

— À mon troisième coup de maillet, vous arracherez le bandeau qui couvre leurs yeux !

La lumière ! Forte, aveuglante. Je cligne les paupières pour tenter de situer les personnages qui se trouvent devant moi. Et je me rends compte que chacun d'eux pointe une épée dans ma direction. J'ai un sursaut d'inquiétude, vite dissipée.

Je découvre alors, pour la première fois, l'intérieur

d'un Temple pendant une Tenue* et, puisque nous sommes dans une phase rituelle, avec tous les décors du rite. Je vois aussi mes « Frères », tous revêtus de leur tablier* et cordons de différentes couleurs.

En haut, sur l'estrade, tenant le maillet sur sa poitrine, le Vénérable Maître prend la parole et, s'adressant aux trois impétrants (je reconnais à mes côtés les deux hommes que j'ai aperçus dans le hall), il déclare :

— Ces glaives, qui sont pointés vers vous, vous enseignent que tous les Frères se ligueront contre vous si, un jour, vous les trahissiez.

Et il ajoute d'une voix forte :

— Frères, levez vos glaives !

Les participants obtempèrent aussitôt. Le Vénérable Maître poursuit, toujours à l'adresse des nouveaux Initiés :

— Ces épées, qui étaient dirigées vers vous, peuvent aussi vous défendre si nécessaire, contre un péril qui vous menace !

Je suis ensuite conduit devant l'estrade où se tient le Vénérable Maître, pour y confirmer le serment auquel je me suis engagé les yeux bandés.

*

* *

Le cheminement du Franc-Maçon vers la lumière s'accomplit sur un sentier jonché d'obstacles qui le font quelquefois vaciller. D'abord il y a des pas, ensuite il y a des marches.

On atteint les trois premiers grades par des pas qui symbolisent le niveau auquel le Maçon accède.

Les premiers pas de l'apprenti — il y en a trois—, se font en ligne droite. Il ne connaît pas encore les subtilités de la pensée maçonnique. Les pas qui lui permettent de s'élever au rang de Compagnon commencent à s'écarter de cette rigueur linéaire, mais leur but est le même : se diriger vers la lumière de l'Orient. Les pas qui le conduiront au rang de Maître ont à voir avec la symbolique de la mort… Et bien sûr de la résurrection qu'il ne découvrira qu'ensuite, s'il parvient aux Loges dites *de perfection*.

Je constaterai bientôt que, derrière la rigueur apparente des textes, les impératifs qu'ils énoncent ont une portée toute relative. Dans les rituels, si l'on menace de trancher la gorge du traître, par exemple, il s'agit plus d'un symbole destiné à marquer les imaginations que d'un réel péril. D'ailleurs, certains rituels disent que la pire sanction pour avoir trahi un serment est le remords que cette trahison engendre. En Franc-Maçonnerie, le rituel lui-même est symbole.

Une cérémonie maçonnique est une pièce de théâtre, merveilleusement articulée, dont chaque scène est incluse dans une dramaturgie globale. Et le théâtre lui-même, le Temple, reste un lieu à dimension cosmique, englobant symboliquement le Monde, à la manière peut-être du *théâtre du Globe*, celui que fit construire William Shakespeare à Londres.

*

* *

Le néophyte qui frappe à la porte de la Franc-Maçonnerie, quelles que soient les raisons qui l'ont amené à solliciter son admission, devrait être au préalable initié, au sens profane cette fois, des implications financières que va entraîner sa démarche.

Après avoir été accueilli le jour de son initiation par un Frère de sa future Loge, ne portant sur lui aucun signe distinctif de sa qualité ou de sa fonction, il sera conduit par celui-ci dans une pièce attenante au Temple. Ce Cabinet des réflexions, que j'ai décrit plus haut, dans lequel il attendra quelques minutes. Mais, avant que l'initiation véritable ne commence, entre donc cet autre homme dont j'avais promis de parler. Lui aussi dépourvu de tout signe maçonnique ou profane. Il semblera peut-être un peu sur sa réserve, pour ne pas dire « gêné ».

— Monsieur, je suis… le Trésorier de la Loge.

Il proférera sans doute quelques excuses alambiquées pour, enfin, ajouter une phrase, ressemblant de près ou de loin à celle-ci :

— J'ai… euh ! eh bien, le devoir…

La plupart des Trésoriers bafouillent un peu à ce moment de leur discours.

— J'ai le devoir, en ma qualité de Trésorier de la Loge à laquelle vous demandez votre appartenance, de… vous prier, auparavant… de me régler la dîme*, comprenez-vous ?

À l'époque de mon admission, la somme que l'on me demanda, dans ce Temple-là, équivaudrait aujourd'hui, après deux changements de monnaie, à environ 1 000 francs, en prenant en compte le coût de la vie depuis trente années, soit 150 euros. Cette estimation est très approximative mais, à l'époque, elle représentait un pourcentage non négligeable de mon salaire.

La dîme… le « péage » plutôt, ainsi que je l'appelle. Les instances supérieures se sont-elles, l'espace d'un instant, préoccupées de l'effet déplorable que cette formalité pouvait exercer auprès d'un Candidat ? Il s'est préparé, peut-être, à un saut dans l'inconnu, mais certes pas à une chute dans le trivial. Heureusement, les « voyages » qui suivent vont lui donner son quota d'émotions et faire oublier à celui qui avance dans les ténèbres le sordide épisode.

Le Candidat, désormais Apprenti, vient donc de régler les frais administratifs consécutifs à son admission. Et de remplir les formulaires idoines, cela va de soi. Car la hiérarchie maçonnique en connaît un bout en matière de formulaires, de déclarations, d'attestations et autres paperasseries. À cet égard au moins, la Franc-Maçonnerie a épousé ce travers du siècle !

Il n'en est pourtant qu'à ses tous débuts en matière de dépenses.

Il va également devoir payer sa « capitation* » annuelle, autrement dit : sa cotisation. Et il ne lui sera accordé aucun crédit, au début en tout cas. Ensuite, ma foi, s'il se trouve que des difficultés personnelles ne lui permettent pas d'assumer la totalité de la capitation afférente, le Trésorier lui octroiera fraternellement des délais de paiements. Je n'ai pas dit des réductions !

Cette capitation s'élevait environ à 2 000 francs par an lorsque j'étais Apprenti ; la dernière que j'ai payée, en 1981, était d'un montant de 3 200 francs, annuels toujours. Notons que la capitation est la même pour tous les Frères, quels que soient leurs revenus…

Dans les situations vraiment douloureuses, le Frère Hospitalier*, qui gère le tronc de la veuve*, réserve de solidarité alimentée par les dons des Frères de la

Loge, se substituera au Frère indigent, avec l'accord du Vénérable Maître.

Mais il n'en reste pas moins qu'un Frère peut être radié de l'Ordre du fait du non-paiement des Redevances, terme générique qui englobe les capitations et les diverses charges annexes. Après mise en demeure dans des conditions rigoureusement prescrites par la Constitution de l'Obédience.

Ne noircissons pas trop le tableau. Dans la pratique, il y a une certaine compréhension pour le Frère brusquement plongé dans les difficultés financières, à cause d'une perte d'emploi brutale ou ce genre de choses. Cette compréhension a des limites imprécises, et son interprétation est donc subjective. Et généralement d'une générosité toute relative.

En somme — si je puis dire —, il est arrivé que des Obédiences se soient privées de la participation de Frères authentiques et fervents pour des raisons financières. Soit par radiation, soit plus souvent parce que les intéressés, blessés dans leurs convictions et leur dignité, ont préféré démissionner.

L'élévation aux degrés successifs fait également l'objet de frais supplémentaires destinés, si l'on s'en tient aux vagues explications des hautes sphères de l'Obédience, à couvrir les charges de secrétariat. De surcroît, le Maçon doit se procurer les décors obligatoires de son nouveau grade : tablier, cordon ou sautoir plus ou moins richement brodés ou décorés. C'est bien sûr l'Obédience qui est le seul fournisseur, et à des prix que ne justifie pas, à mon avis, la qualité des ornementations dont ces objets sont recouverts.

Toutes occasions : initiations, changements de Loge, affiliations, réintégrations, etc., sont l'objet d'une imposition en règle, sous la houlette inquisitrice des Grands Trésoriers et des Commissions des finances. Les nouveaux Initiés, la première surprise passée, se plient sans oser protester aux sollicitations réitérées du Frère Trésorier, qu'ils finissent par considérer comme le pendant maçonnique du collecteur d'impôts. C'est en tout cas le sentiment que j'ai eu, quand j'ai exercé à mon tour l'Office* peu ragoûtant de Trésorier d'une Loge.

Si la majeure partie de ces dépenses individuelles servait à la Loge de ceux qui y cotisent, cela pourrait se justifier. Par exemple, n'importe lequel des Frères de la Loge pourrait aller trouver le Trésorier et lui demander des comptes sur l'état de délabrement de telle ou telle salle, alors même qu'il sait pour avoir exercé lui-même ces fonctions que les finances sont saines.

Mais non ! Toutes les Loges versent à l'Obédience à laquelle elles sont fédérées une cotisation administrative qui représente plus ou moins les deux tiers de toutes les capitations ! Il ne reste aux Loges qu'une portion congrue, grâce à laquelle elles s'efforcent d'équilibrer leurs propres charges fixes et dépenses diverses.

Des voix s'élèvent quelquefois pour protester devant la lourdeur abusive des charges en cascade qui pèsent sur les Frères. En général, ces récriminations sont faites du bout des lèvres, comme si ceux qui les font craignaient des mesures de rétorsion de l'Obédience, ou une désapprobation outrée de leurs Frères de Loges.

Je ne vais pas — pour l'instant — critiquer la subtilité exponentielle des imbroglios administratifs, compliqués à l'envi par les textes réglementant l'administration de la Fédération des Loges toujours plus précis et circonstanciés. Je me bornerai à constater que tout cela renforce objectivement le contrôle des Loges par des organes de direction des Obédiences.

Impossible par ailleurs de passer sous silence que les marchands se sont sournoisement installés au Temple. Sur les parvis* — ou presque — on trouve des chevalières, des cendriers, des presse-papiers, des assiettes frappés du compas. Des souvenirs pieux ! On se croirait à Lourdes !

Je suis aujourd'hui très amusé du chemin épineux qu'emprunte « l'exégèse » financière de l'honorable institution, avec ses justifications et ses circonvolutions.

*

* *

La cérémonie d'initiation est suivie par les agapes*.

Elles nous permettent à tous trois, Apprentis tout neufs, de prendre un premier contact avec ceux que désormais nous devons appeler « Frères ». Du reste, les Initiés nous donnent tout de go du « Frère » avec une convivialité bonhomme, comme si tous nous avions usé les mêmes bancs d'école. Le repas se déroule dans une ambiance chaleureuse qui contraste avec le rigorisme de la Tenue qui a eu lieu au Temple peu de temps auparavant. L'apparente hiérarchie entre les Frères en Loge a disparu, les titres avec elle. On nous hèle bruyamment et joyeusement d'une extrémité de la table à l'autre, on nous tape sur l'épaule.

Ces agapes tiennent à la fois du banquet familial et du dîner bon enfant entre copains. Je m'y sens parfaitement à l'aise, avec l'impression moi aussi de retrouver de vieilles connaissances, et le vin qu'on y verse n'y est franchement pour rien. Osmose ? Empathie ? En tout cas, mes deux acolytes, aussi neufs que je le suis, participent avec autant d'entrain que moi à cet accueil inattendu après de si bouleversantes épreuves.

Il faut croire que, désormais, nous *sommes* francs-maçons.

Je dors mal pendant la nuit qui suit mon initiation. Dans une sorte de demi-sommeil, je vis à nouveau les moments les plus forts de la cérémonie, ces parenthèses de temps que j'ai parcourues et qui semblent gravées désormais dans mon subconscient.

Happé dès le lendemain par mon activité professionnelle et les obligations quotidiennes, je n'ai plus le loisir de penser à mon entrée en Franc-Maçonnerie. Même si c'est bien ce que le rituel semblait vouloir me faire comprendre, j'éprouve une certaine difficulté à considérer que je suis vraiment devenu *quelqu'un d'autre*, que cette renaissance qui a immédiatement suivi ma « mort » a réellement fait de moi un *autre homme*. Je sens confusément que j'ai été investi d'une responsabilité, mais sans pouvoir en déterminer précisément la nature. Quelques jours s'écoulent, puis quelques autres. Et finalement, le silence de mes nouveaux « Frères » finit par me peser.

Pas le moindre contact avec ces récentes relations privilégiées qui sont autre chose que des amis. Car c'est bien un lien neuf ayant une signification toute distincte de celle que j'attache aux relations amicales. Un lien marqué par un engagement solennel, en quelque sorte sacralisé.

Au passage, je me rends compte que j'ai été surpris, pendant ces agapes, du niveau social de mes Frères. Il y a là des énarques, des ingénieurs, des architectes, des… Enfin tous semblent bardés de diplômes, personnalités affirmées ou promises à un brillant avenir. Et tous pourtant sont venus un jour comme moi, modestement, solliciter leur admission. Je constaterai plus tard que, devenus Apprentis, tous ne plient pas mais, quelle que soit leur position présente ou future, ils observent avec sérieux et conviction les rituels qui auraient pu leur paraître archaïques et superflus dans un autre contexte. En somme, le rationalisme pur et dur paraît n'avoir plus cours une fois franchi le seuil du Temple. Pas plus que la position sociale.

Ce n'est qu'au bout d'une dizaine de jours que je reçois enfin une lettre d'invitation pour participer à une Tenue solennelle de la Loge. Le texte est rédigé dans un style étrange, avec un vocabulaire abscons, et cette première Tenue à laquelle il m'est donné d'assister est pour moi un mélange troublant d'étonnement et de scepticisme...

*

*   *

La première Tenue solennelle constitue le véritable commencement de l'itinéraire que le nouvel Initié va accomplir, de sa renaissance rituelle jusqu'à son passage à l'Orient éternel, autrement dit : sa mort. Ce rituel, héritage d'une longue tradition, consiste en une série de dialogues, toujours les mêmes, avec une chronologie précise, et dans une sorte de pantomime réglée au millimètre. La signification symbolique de son déroulement n'apparaît pas de prime abord au nouvel Initié. Il n'est que le spectateur d'une série de comportements, d'une gestuelle, d'un langage qui se réfèrent à des concepts que le plus souvent il ignore. Mais peu à peu, après plusieurs de ces Tenues solennelles, il commencera à en percevoir l'enchaînement logique, puis la raison d'être.

Un *a priori* très répandu dans le monde profane voudrait que le rituel de la Tenue soit en quelque sorte une mise en condition qui doit conduire à la passivité béate. La Tenue, ce ne serait rien d'autre qu'une messe de mécréants, en somme.

Non seulement c'est faux, mais c'est exactement le contraire !

Cet *a priori* est issu en droite ligne de la comparaison fréquente entre le religieux et le maçonnique, même si la Franc-Maçonnerie — hormis certaines Obédiences déistes — accueille les croyants comme les athées.

On ne peut pas nier qu'à deux égards, cette analogie a une relative pertinence. Le premier est que ces rituels — liturgique ou maçonnique — sont l'un et l'autre le ciment de ces communautés que constituent une Loge ou une paroisse. Le second est qu'il est incontestable que la démarche de la plupart des hommes et des femmes qui viennent vers la Franc-Maçonnerie est une démarche spirituelle. Encore faut-il s'entendre sur le sens que l'on donne au mot *spiritualité*. Sans entrer dans les querelles de théologiens et de philosophes, si l'on considère la spiritualité comme la recherche de soi, au sens du *Connais-toi toi-même* de Socrate, alors oui, le cheminement initiatique maçonnique est effectivement spirituel.

Mais la pertinence de l'analogie s'arrête là.

Les grandes religions révélées — judaïsme, christianisme, islam... — n'ont pas, par nature, de caractère initiatique. Leurs bases sont essentiellement dogmatiques, elles demandent à leurs fidèles d'avoir la Foi, c'est-à-dire la conviction que la Parole révélée par le Prophète — Moïse, Jésus, Mahomet... — est la Vérité, et qu'elle a force de Loi. On ne leur demande pas, surtout, de la remettre en cause ! Le prêtre, le rabbin ou l'imam délivre la Parole, et les fidèles la reçoivent. Ils n'en sont pas les vecteurs, juste les récepteurs. L'église — la mosquée, la synagogue... — est un lieu sacralisé dans lequel les fidèles communient, au sens où ils s'oublient eux-mêmes pour mieux retrouver leur groupe dans une Foi commune. Ils joignent à travers une liturgie sourcilleuse un chemin qui doit les amener à la « béatitude ». Une béatitude qui exclut *de facto* l'analyse. La liturgie en elle-même est plus importante que les mots qu'elle véhicule. S'il n'en fallait qu'une preuve, parlons de la désaffection des églises par les plus fidèles croyants depuis l'abandon par le concile Vatican II du rituel en latin. Un latin incompréhensible pour la plupart, mais ils avaient perdu *leur* rituel.

La Franc-Maçonnerie, elle, n'est pas fondée sur des dogmes. Ce qui s'instaure à l'intérieur d'une Loge, c'est un dialogue basé sur une réflexion fort ancienne, qui s'inscrit dans un processus contribuant, au contraire, à atténuer les positions extrémistes et les opinions dogmatiques. C'est là l'un des acquis plus constructifs de l'initiation maçonnique. Le rituel comporte des mots et des phrases destinés, à la fois dans leur sens et dans la théâtralité de leur mise en scène, à éveiller et à ouvrir l'esprit des frères, à aiguiser leur sens critique. Les mots sont au moins aussi importants que le rituel qui les véhicule et, à l'exception des Apprentis, chacun a son « texte ». Ces mots ne sont pas réservés au seul Vénérable. Quant au Temple, s'il est sacralisé, c'est essentiellement pour qu'il se distingue du monde extérieur profane. De façon à créer les conditions d'une sérénité qui permettra la concentration de ces multiples énergies individuelles. Une sérénité essentielle pour que ces différences deviennent complémentaires, constituent une unicité, d'où va émerger une vision constructive de l'Univers.

Du moins est-ce la théorie.

Il arrive aussi que des Obédiences confondent *idéal* et *idéologie*. Ce qui est un bien extravagant paradoxe pour des institutions qui se proclament bruyamment apolitiques et non confessionnelles ! Par exemple, l'élection de François Mitterrand en 1981, qui faisait basculer une majorité politique aux affaires depuis plusieurs décennies, provoqua de véritables séismes au sein de certaines Loges. J'y reviendrai, mais l'événement me fit prendre une conscience aiguë du fait que la Franc-Maçonnerie n'était pas complètement à l'abri des tempêtes extérieures au Temple.

*

*   *

J'écrivais plus haut que l'Apprenti n'est qu'un spectateur pendant ses premières Tenues. Il est en effet tenu au silence pendant son année d'admission au sein de la confrérie. Cela pourrait apparaître comme contradictoire avec cette autre affirmation que, dans le rituel des Tenues, les mots n'appartiennent pas qu'au Vénérable.

La contradiction n'est qu'apparente.

Ce silence revêt, dans cet itinéraire maçonnique qui commence, un intérêt considérable. Tous les Francs-Maçons en ont conscience. Il a valeur de symbole, lui aussi, mais surtout il les prépare au difficile exercice d'écouter réellement les autres. Petit à petit, l'Apprenti va comprendre le sens de cette cérémonie en costume qui a pu au début le rendre sinon sceptique, du moins circonspect. Le rituel, d'une Tenue à l'autre, va perdre de son ésotérisme apparent. Par ailleurs, ce silence obligé facilite l'introspection, la remise en question permanente et constitue une étape indispensable pour celui qui, lentement, est en train de se construire. Il contribue aussi à faire taire les différences sociales : que vous soyez P.-D.G. ou garçon de courses, vous êtes astreint à écouter, à observer pendant toute une année de Tenues. Et mieux encore : à analyser, si c'est possible. Cette période privilégiée, nullement infligée mais au contraire librement consentie, est riche d'enseignements, tant sur soi-même que sur les autres. Nombre de Francs-Maçons accomplis songent ensuite avec nostalgie à cette année d'apprentissage.

*

*   *

Au fur et à mesure que j'assiste aux Tenues, je prends donc conscience que le symbole n'est qu'un support à la réflexion collective et non une fin en soi. J'énonce ce truisme avec l'enthousiasme de Colomb revenant des Amériques, mais pour moi à cette époque, c'était une vraie découverte.

Je suis issu d'un milieu catholique pratiquant. Quoique ce milieu ait été très tolérant, je n'en fus pas moins engoncé dès mon enfance dans la rigidité des dogmes. J'ai ensuite tâté d'une scolastique d'un autre âge dans une école confessionnelle, puis des subtilités de l'apologétique qui prétendait donner à ces dogmes un plumage rationnel et historique.

C'est dire si je me suis coulé dans ce moule nouveau avec un plaisir non dissimulé. Chaque étape du processus me séduisait plus encore que le précédent. Par comparaison avec la plupart des autres néophytes, je n'avais — je l'ai dit —, aucune culture maçonnique. Mais je constatais bientôt que c'était plutôt un avantage : j'avais tout à découvrir, et de l'appétit pour tout.

Cette identité maçonnique qui se constitue pour moi, je vais vite comprendre qu'elle n'est jamais statique, et qu'elle se doit au contraire d'être constamment évolutive.

L'Ordre a, symboliquement, la forme et les dimensions du Cosmos. Or, le Cosmos ignore la ligne droite, et donc l'itinéraire initiatique ne peut être rectiligne et la route de l'apprentissage est sinueuse, marquée de jalons qui sont autant de remises en question. Si le Franc-Maçon se satisfaisait de ses acquis, il perdrait, tôt ou tard, l'essence même de ses progrès initiatiques et régresserait peu à peu. Voilà pour le principe ; il a ses perversions, nous y reviendrons.

J'ai, pendant cette première année, le sentiment fort d'avancer, de progresser. Je ne peux m'empêcher de le laisser transparaître dans mes rapports humains hors du Temple. Non pas l'enseignement que je reçois en Loge, bien sûr, mais une nouvelle manière d'être, dans ma perception de moi-même et des autres.

Et je vis intensément cette progression initiatique.

J'ai eu le sentiment ensuite d'avoir eu la chance de faire partie d'une Loge qui avait, pour l'Apprenti que j'étais, conservé l'essentiel de ce qui faisait la valeur de cette initiation.

Et enfin, je suis admis au grade de Compagnon.

La cérémonie me paraît terne par rapport à la précédente pendant laquelle la mort rituelle, puis cette renaissance qui me donnait accès à tout un univers m'avaient profondément marqué.

Ce titre, ou ce *grade*, de Compagnon m'ouvre la possibilité d'intervenir en Loge, autrement dit : j'ai désormais le droit à la parole, et je serai dorénavant sollicité par le rituel.

Fini le spectacle, je suis acteur.

Chapitre 3

De l'Apprenti au Compagnon

« Quand mes amis sont borgnes, je les regarde de profil. »
Joseph Joubert,
Pensées

Dans le trajet qui m'amenait vers cet immeuble maintenant bien connu qui abritait ma Loge mère, mon pas avait été de différentes natures. Impatient d'abord, fougueux ensuite, puis plus retenu. Désormais, j'adoptais aux alentours de ce coin de rue une démarche que je voulais sereine, cherchant à trouver la concentration et la paix intérieure dans la perspective de la Tenue solennelle. L'impasse était la même, animée, vivante, avec ses passants et ses marchands de quat'-saisons. Moi, je cherchais à m'identifier à un Compagnon de la Maçonnerie opérative qui venait frapper à la porte d'un Atelier dans une ville de passage. J'allais entrer dans un endroit sacralisé, hors du temps et de l'espace, ou plus exactement qui les englobait tous deux.

Ce jour-là, sur le parvis, je saluai chaleureusement les Frères de ma Loge comme à l'accoutumée. Nous entrâmes tous ensemble dans le Temple décoré au grade de la Tenue. Le Vénérable nous accueillit, puis rejoignit sa place pendant que nous nous répartissions de chaque côté, sur nos colonnes respectives. À la demande du Vénérable, le Couvreur* ferma la porte du Temple, après avoir vérifié qu'aucun Frère n'était encore à l'extérieur.

Les deux Surveillants* nous invitèrent à reprendre les outils. La cérémonie commença. J'accomplissais les gestes rituels, m'astreignant à écouter le texte des répliques et des acclamations symboliques. Le Secrétaire lut d'une voix égale la Planche* tracée des travaux de la précédente Tenue, résumant celle qui avait été présentée par un Frère de l'Atelier. Sur la proposition de l'Orateur*, le compte rendu fut adopté, à l'unanimité.

Après l'appel, l'ordre du jour s'ouvrit conformément à la tradition sur la *minute de symbolisme*, une planche routinière, heureusement dispensée de débat. Il suivit son chemin jusqu'à la conférence. Ce soir-là, le conférencier était un (très) vieux et (très) honorable Frère Visiteur.

Son âge n'expliquait pas à lui seul l'incroyable ennui que suscita son intervention. Il ronronnait, avec le débit régulier d'une scie de moulin à eau, une litanie de poncifs sans plus d'aspérité que le coffre d'un piano. Un piano que l'on sut bientôt désaccordé.

Mon voisin luttait péniblement contre les philtres de Morphée, qui, petit à petit, l'entraînaient dans les bras du dieu des Songes. Il s'affaissait centimètre après centimètre, la tête entraînant la poitrine, et je vis venir le moment où, suivant le tout, il allait s'écrouler sur le Frère qui se tenait devant lui dans la Colonne*. Je lui flanquai un coup de coude discret qui n'eut aucun effet, sinon un léger tremblement qui le fit se courber un peu plus vers l'avant. Devant l'imminence des conséquences catastrophiques des lois de la pesanteur édictées par l'auguste Frère Isaac Newton, je récidivai en appuyant un peu mieux la pointe du coude entre les côtes flottantes.

— Ah ! s'écria-t-il en se redressant si vivement qu'il manqua choir.

Le conférencier eut un hoquet qui interrompit son pensum. Les yeux de tous les Frères situés sur la Colonne d'en face, et de ceux de notre colonne, se braquèrent vers nous, et sur lui surtout, dont l'air hagard disait assez la culpabilité. Le Vénérable, avec une parfaite maîtrise acquise au cours d'une longue vie initiatique, feignit d'ignorer l'incident qui eut pourtant un effet bénéfique : le conférencier s'empressa de conclure, sans montrer une éventuelle vexation, bien qu'il avait à l'évidence compris ce qu'il s'était passé.

Vint le moment de la proposition traditionnelle du Vénérable Maître :

— Mes Frères, vous avez la parole.

La réaction de l'assistance me fit m'interroger si quelque facétieux n'avait pas répandu dans le Temple un redoutable gaz anesthésiant. Le mutisme général dura une bonne minute d'éternité, on entendait presque les multiples cerveaux grincer en se demandant quel avait bien pu être le sujet de cette conférence. Devant ce silence dubitatif, le Vénérable

Maître jeta un regard circulaire sur les assistants tassés sur leur chaise. Puis, renonçant à susciter des vocations de débatteurs, il reprit avec un haussement d'épaules :

— Fort bien. Je vais poser la première question.

On sentit le dépit presque palpable de l'assistance : ainsi formulée, la phrase appelait une seconde question. Le Vénérable Maître se perdit alors dans les circonvolutions d'une interrogation si alambiquée qu'on ne put savoir avec certitude ni si elle avait un rapport avec la conférence, ni si la réponse l'intéressait vraiment.

Le conférencier se racla la gorge soigneusement avant de remettre en route sa scie et son piano. Sa réponse était à la hauteur tant de son exposé précédent que de l'interrogation du Vénérable : aussi pénible qu'obscure. Enfin, il s'arrêta, et avec lui quelques ronflements discrets. Le silence se réinstalla, se calant fort à son aise sous la Voûte étoilée* du Temple comme sous un édredon de plumes. Le Vénérable, constatant que les Frères amorphes n'envisageaient décidément pas de poser la moindre moitié du quart de la queue d'une question, s'adressa à l'Orateur :

— J'observe, mon Frère, que tu as été si clair dans ton exposé, que personne n'éprouve le besoin de te demander des précisions !

La dérobade était en tout point protocolaire, sans la moindre espèce d'ironie.

Heureusement, les Tenues, fussent-elles solennelles, sont aussi émaillées de moments désopilants, où l'épreuve la plus difficile consiste à serrer les dents pour ne pas laisser échapper un fou rire.

Je me souviens d'une erreur au cours de l'initiation d'un futur Apprenti qui fit se plier en deux la moitié de l'assistance, entraînant bientôt l'autre moitié. Le postulant, conformément au rituel initiatique, devait passer sur une planche particulière. Au centre de cette planche, une charnière la relie à son support et elle bascule au passage de l'impétrant, qui est surpris évidemment... Deux mots sur la signification symbolique de cette phase du rituel, aisée à comprendre. Dans un premier temps le Candidat la gravit, monte… et redescend brutalement ! Donc : *si haut que vous puissiez accéder, la chute est toujours possible*. Une matérialisation, en quelque sorte, de l'obligation à la modestie. Cette fois-là, le Candidat tomba effectivement, de tout son long, sur les Frères du premier rang. Il s'ensuivit une brève confusion dans les autres rangs, et un fou rire difficilement contenu… Heureusement, cela se fit dans un silence relatif et à l'insu du postulant qui avait à ce moment son bandeau sur les yeux.

Un autre épisode me revient en mémoire. Après avoir « reçu la lumière », son bandeau lui étant ôté, le nouvel Initié doit accomplir son « premier travail » qui consiste à frapper de trois coups de maillet une pierre brute posée devant le plateau* du Vénérable. Allusion symbolique à la Maçonnerie opérative. Le Candidat ce jour-là était sculpteur dans la vie profane… À la vue de cette pierre, et à l'énoncé de son « premier travail », son sang ne fit qu'un tour et il commença à lui appliquer une série de coups de maillet destinés, sans doute, à dégrossir une œuvre à venir… Il fallut que l'un des Frères présents l'arrêtât pour que la cérémonie puisse se poursuivre.

Non, le Franc-Maçon n'est pas un homme triste de nature, je vous rassure. Il concentre au contraire tout ce qu'il a de positif pour ce moment privilégié — et le rire en fait partie, autant que le reste —, oubliant sous la Voûte du Temple les vicissitudes de sa vie profane.

Mais les conférenciers s'imaginent quelquefois qu'ils ont là, devant un parterre censé être de haute tenue, la possibilité de s'aventurer dans des digressions savantes et didactiques dans les domaines les plus pointus. Or, ce parterre n'est pas omniscient, loin s'en faut.

Au-delà de ces épisodes cocasses que je viens de relater, les conférences en Loges sont, dans leur grande majorité, aussi intéressantes qu'elles sont enrichissantes, et plus encore dans l'écrin du cérémonial maçonnique qui leur apporte, en plus de cette qualité d'écoute dont j'ai parlé déjà, une émotion qu'aucun amphithéâtre n'aura jamais. L'un de mes Frères résumait ce sentiment en une phrase très juste : *La connaissance, c'est le savoir... avec l'émotion en plus !*

Je dois à la vérité de dire que j'ai acquis grâce à ces conférences une bonne part de ma culture, mais aussi beaucoup de connaissances dans des domaines les plus divers, certains qui excitaient déjà ma curiosité et d'autres que j'ai véritablement découverts là et qui m'ont permis d'apercevoir des horizons insoupçonnés.

Quant aux conférenciers eux-mêmes, le vieillard cacochyme que je décris antérieurement était une exception d'autant plus flagrante que beaucoup d'entre eux figuraient parmi les meilleurs spécialistes de leur discipline, certains avaient même ce supplément d'âme, cet art étonnant qui permet de dire des choses compliquées avec des mots simples. Je sortais de leurs interventions avec ce sentiment d'être, sinon plus intelligent, au moins plus ouvert. Sans doute est-ce cela que l'on appelle *tirer vers le haut*.

*

* *

Peut-être est-il temps de donner quelques informations supplémentaires aux lecteurs profanes ?

Le fil rouge de la symbolique maçonnique reste la construction du Temple, et plus précisément du premier Temple de Jérusalem, que des ouvriers, principalement phéniciens, mirent sept années à bâtir pour le roi Salomon, au Xe siècle avant J.-C. Un édifice mythique auquel le Temple maçonnique fait constamment référence, tant dans son agencement[1] que dans les relations entre les bâtisseurs. Nous y reviendrons.

Notons à propos de la référence au Temple de Salomon que le rituel fait usage de mots et d'expressions en hébreu qui passent, dans l'écrasante majorité des cas, au-dessus de la tête des Frères. Et quand ils essayent de s'y intéresser, la traduction qu'on leur en donne est plus que douteuse.

Le Franc-Maçon n'est appelé à pénétrer dans les Ateliers réputés supérieurs que par cooptation et la Franc-Maçonnerie comporte de nombreux titres, grades ou degrés qui varient d'une Obédience à l'autre.

1. Voir en annexes le plan du Temple maçonnique.

Les premiers grades sont exercés dans les Loges dites *bleues*. C'est une abominable hérésie, au sens maçonnique, de les qualifier de Loges « basiques », mais tant pis, disons cela. Tout Franc-Maçon, quel que soit son degré, appartient nécessairement à une Loge bleue. On peut supposer qu'à l'origine, c'était là une leçon d'humilité.

Pour s'en convaincre, il n'est que de voir un titulaire des hauts grades, revêtu des seuls signes distinctifs de Maître Maçon, assumer dans une Loge bleue une fonction humble. Celle de *Couvreur* ou de *Tuileur*, par exemple — le portier de la Loge.

Avec le temps, cette pulsion originelle a un peu perdu en force, et en humilité… Les degrés — ou grades — ont fini par porter des titres rivalisant de superlatifs. La liste de ces degrés[1] vous donnera toute la dimension de ces renflements ampoulés de vocabulaire dont on est en droit de supposer qu'ils ne sont destinés qu'à flatter la vanité de leur titulaire : Grand, Illustre, Parfait, Sublime, Suprême, Trois Fois Puissant… J'en passe et de moins modestes.

Et vont avec le titre nombre de cordons, sautoirs et tabliers rutilants de broderies dorées dans lesquels certains Frères, aussitôt auréolés d'un grade ronflant, se pavanent sur le parvis avec un air de fausse modestie. Me croira-t-on si je dis que j'ai toujours porté ces atours par obligation, sans aucun plaisir ? Mais, de même qu'on n'entre pas sur un tatami sans son kimono et la ceinture de son grade, ils sont censés distinguer à la fois le Frère, son niveau et son Office pour tous les Initiés d'une Loge.

---

1. Voir en annexes la liste des titres et degrés.

Au cours de ma première année silencieuse de vie maçonnique, la procédure de demande de parole en Loge m'avait paru excessivement compliquée. Je vais essayer de la résumer sommairement.

À quelques exceptions près — pour l'Orateur qui siège sur l'estrade, à la gauche du Vénérable, et pour le Secrétaire, qui est lui à sa droite, puis pour les deux Surveillants de Colonnes, évidemment —, la parole n'est jamais sollicitée directement auprès du Vénérable. Le Frère qui souhaite parler, demande au Surveillant* responsable de sa Colonne, le Surveillant transmet au Vénérable, le Vénérable répond et le Surveillant transmet cette réponse au demandeur. On appelle cela *la triangulation de la parole*. Le moins que l'on puisse dire est que le cheminement n'est pas direct.

En premier lieu, le terme *Surveillant* m'avait semblé inadéquat. Il traduisait, pensais-je, un rapport hiérarchique que je ne comprenais pas. J'avais en tête le jeune étudiant chargé de faire régner la discipline sur le réfectoire de mes années d'écolier. Évidemment, le mot n'a pas ici ce sens profane. Le Surveillant est élu à cet office par les Maîtres, il a la responsabilité du bon déroulement des travaux et siège sur le plateau qui correspond à sa charge.

Ensuite, j'ai supposé que cette complexité procédurière avait pour but d'endiguer les réactions spontanées. Dans le cas d'Initiés de fraîche date, elle avait en tout cas pour conséquence de faire perdre à celui qui obtenait enfin la parole la substance du propos qu'il voulait tenir.

Pour comprendre, il faut bien avoir à l'esprit que le vécu initiatique du Franc-Maçon est évolutif. C'est-à-dire que, pour mûrir, il doit passer par des paliers successifs. Écouter, respecter les rites, en saisir le sens avant d'entrer dans la ronde sont des étapes nécessaires qui vont servir à la construction, non pas du Temple cette fois, mais du Maçon lui-même.

Si le Franc-Maçon est parfaitement inséré dans l'égrégore*, c'est à son rythme qu'il parviendra à cette maîtrise qui lui permettra de préserver le contenu global de sa pensée. Une manière comme une autre d'apprendre à tourner sa langue dans sa bouche sans perdre le fil de son discours.

Ce rituel initiatique détermine des gestes, des attitudes auxquels il faut se tenir pour aboutir, si possible, à des manières d'être, des comportements qui bientôt vont influencer la façon d'appréhender le monde, à l'intérieur et hors des murs du Temple. C'est un processus qui évolue lentement, il peut même stagner. Modifier brutalement les tenants de ce processus peut le rompre et lui faire perdre son seul et unique intérêt : son caractère initiatique.

On se plaint beaucoup de l'extrême lenteur des Commissions de rituels, qui siègent dans la plupart des Obédiences. À tort selon moi, la plupart de leurs décisions étant l'expression de la sagesse. Mettons-nous à la place d'ouvriers qui dressent une voûte. Ils fabriquent d'abord une forme de bois, la mettent en place, puis posent ensuite une à une les pierres de cette voûte, taillées précisément pour prendre l'emplacement qui est le leur. Personne ne viendrait casser les étais avant que le maître d'œuvre ne le décide.

On l'a vu, la vie maçonnique n'est pas transcendante à chaque Tenue. Il lui arrive même d'être ennuyeuse. Malgré le moment de recueillement qui permet de se concentrer avant de *reprendre les outils*, on finit, ici aussi, par exécuter machinalement les gestes rituels, par écouter d'une oreille distraite un texte dont on n'ignore plus aucun mot ni aucune nuance. J'ai souvent prétendu, en Atelier, que l'institution manquait à son devoir de délivrer un vrai message maçonnique à nos contemporains. On m'a alors reproché d'être trop « pur », de mettre « la barre trop haut ». Pourtant aujourd'hui encore, je crois avoir su préserver intact mon idéal de néophyte, garder la fraîcheur de ma découverte de cet idéal. Je ne suis pas le seul, heureusement. Disant cela, je me fais un peu l'avocat du diable car — conséquence sans doute de ma virginité maçonnique —, le déroulement d'une Tenue m'a personnellement souvent inspiré des réflexions passionnantes.

C'est à cette période que nous reçûmes la visite du Sérénissime Grand Maître, l'homme qui présidait alors notre Obédience. Il vint nous entretenir de l'état de l'Ordre et de ses perspectives d'avenir. À l'époque, dans ma candeur béate, j'ai été très impressionné par la Planche de notre Grand Maître. Je me souviens avoir bu ses paroles comme les Hébreux celles du Prophète. S'il avait annoncé qu'il allait ouvrir la mer Rouge, je l'aurais sans doute cru. La crédulité rend la cible plus facile à toucher aux prédateurs embusqués derrière chaque bosquet.

Quand je repense aujourd'hui à ce personnage, il me vient à l'esprit un trait de Jacques Brel : *Il faut beaucoup de talent pour devenir vieux sans avoir jamais été adulte*. Un épisode plus tardif allait d'ailleurs me permettre de le dire à un autre Sérénissime. Non pas la citation, mais plutôt sa substance.

*

* *

J'imagine que le lecteur profane peut s'amuser — ou même s'alarmer — de cette gestuelle un peu ridicule, archaïque à tout le moins, que je décris depuis le début de ce livre. Comment se peut-il qu'encore aujourd'hui, à l'heure où nous pouvons envoyer une photo de famille ou un document de travail à l'autre bout du globe en quelques secondes, des hommes déguisés mettent un an à faire trois pas ? Les Francs-Maçons seraient-ils les polypes accrochés à l'épave de leur passé médiéval ?

Peut-être. En attendant, les mutations technologiques de notre petite planète ne se font pas sans douleur et oublient en chemin l'équilibre spirituel des hommes et des femmes de ce temps. Assez en tout cas pour que nombre d'entre eux, perdus devant les dérives meurtrières ou les décadences patentes des religions « ordinaires », se jettent sur tel ou tel « gourou interplanétaire », dans les filets de telle ou telle secte.

« Secte », le mot est lâché !

Les journalistes, qui pour certains ne sont pas à une facilité près, ont beaucoup cité Malraux pour « expliquer » la montée du spiritualisme, qu'il soit de pacotille ou pas.

Le XXI*e siècle sera spirituel ou ne sera pas*. Une fois proféré son célébrissime aphorisme, Malraux a été contraint de s'expliquer : *Le* XXI*e siècle sera spirituel* *dans le sens où de nouveaux courants de pensée, philosophiques notamment, viendront occuper les espaces devenus vacants, en raison de la déliquescence des spiritualités traditionnelles.*

Disant *spirituel,* Malraux pensait donc *philosophie* et non pas *religion* — les deux sont liés certes, mais ce n'est pas la même chose ! Et c'est bien à un transfert du religieux auquel nous assistons.

La démarcation entre sectes et religions est et restera imprécise, quelles que soient les protestations des rigoristes, traditionalistes et autres fondamentalistes de tous poils. Trois faits le démontrent :

— *L'hérétique c'est toujours l'autre.*

— *La guerre est la poursuite* [de la conversion religieuse] *par d'autres moyens.*

— *L'argent est le nerf de la guerre.*

Il n'aura échappé à personne que toutes les religions ont commencé comme des groupuscules, qu'elles eurent leurs siècles d'obscurantisme et d'embrigadement des fidèles, et qu'elles ont poursuivi des buts purement mercantiles — puisque c'est là que serait aujourd'hui la fracture entre sectes et religions — pour alimenter croisades et *fatwa.*

Je continuerai à soutenir que nos religions révélées se sont assez bien adaptées à l'économie de marché, quand elles ne l'ont pas encouragée. Que certains ordres aient fait vœu de pauvreté n'y change rien.

Je vais être excommunié, je le sens ! Peu importe, j'ai appartenu à une institution qui l'a été, plusieurs fois !

Car voici venir le procès en anticléricalisme, dont l'instruction n'est toujours pas close depuis le Siècle des lumières. C'est bien connu, le Franc-Maçon bouffe du curé à chaque agape.

Eh bien, c'est faux… La querelle qui a dégénéré en conflit entre l'Église catholique et la Franc-Maçonnerie est, en réalité, un divorce fondé sur une incompréhension historique réciproque.

L'Église a vu, d'une certaine manière, la Franc-Maçonnerie comme une concurrente dangereuse : elle apportait un sens laïc à une pensée philosophique proche de la sienne, en rejetant les dogmes en tant que tels.

Les Obédiences que j'ai fréquentées réfutent toute acceptation d'une Vérité révélée, tout en accueillant indifféremment croyants et incroyants. Mais il faut dire tout de même que les anathèmes ne sont pas l'apanage du Saint-Office ou des extrémistes de l'islam. La Grande Loge nationale d'Angleterre a, par exemple, déclaré tout simplement que les Obédiences qui n'avaient pas son aval étaient « irrégulières ».

Un Grand Maître que j'ai connu parlait même de *la foi du Franc-Maçon*. Et pourquoi pas ? Si le mot *foi*, au-delà de sa connotation religieuse, a aussi le sens d'« engagement », il contient toute la motivation qui pousse le néophyte à aboutir dans sa recherche.

La foi du Franc-Maçon n'a rien à voir avec la rugosité dogmatique du mot d'André Frossart : *L'essentiel est de croire*. Elle se fonde sur une éthique et — c'est le plus important —, une éthique évolutive qui n'entrave pas ses principes avec des dogmes.

Sans entrer trop avant dans les zizanies entre Obédiences, je reste persuadé que les conciliations sont possibles entre Francs-Maçons modérés. Alors qu'elles m'apparaissent difficiles avec des membres d'Obédiences christiques ou charismatiques qui prétendraient porter seules le flambeau et « excommunier » toutes celles qui n'obéissent pas à leur diktat. Ainsi les Obédiences anglo-saxonnes, résolument confessionnelles, soutiennent avec impudence qu'elles sont les seules détentrices de la tradition maçonnique. Quand s'engage avec leurs représentants les plus conservateurs une ébauche de dialogue remettant sur le tapis la prééminence qu'elles s'arrogent, on se heurte aussitôt à une fin de non-recevoir tout juste condescendante. Je considère leur vision dogmatique, qui condamne sans indulgence toute autre sensibilité maçonnique que la leur, comme une négation du principe même de l'institution maçonnique.

Heureusement, les détails de ces querelles entre Obédiences ne parviennent qu'aux oreilles des Frères qui sont au sommet de la pyramide. Leur étalage ne ferait que polluer l'engagement des Apprentis.

*

* *

Si, comme mon Parrain me l'avait expliqué, les expressions utilisées en Loge sont inspirées du Compagnonnage et comportent par conséquent de nombreux termes de métier, issus pour la plupart de la corporation des tailleurs de pierres, je découvre qu'il y a cependant des ambiguïtés, et même des confusions, dans l'origine de ces termes — et même dans certains aspects du rituel — qui trouvent leurs explications dans les glissements progressifs entre la

Maçonnerie opérative et la Maçonnerie spéculative, cette dernière prenant le pas sur son aînée et réalisant la synthèse de différents courants et d'idées fondatrices.

L'important reste que prédominent les principes qui forment le socle de la Franc-Maçonnerie : la construction du Temple, et l'Universalité de l'espèce humaine.

Cette synthèse cependant ne se fit pas sans querelles extravagantes, de celles où chacun est amené à chercher sur son œuf le poil du voisin, et inversement.

L'étrillage en règle autour du *Grand Architecte de l'Univers** et de sa symbolique est à mes yeux l'exemple le plus frappant de ces disputes stériles où les débats, ponctués d'envolées lyriques et de surprenants effets de manches, m'ont laissé sans voix en de nombreuses occasions. À moins que le penchant pervers pour l'onanisme intellectuel ne soit, en Loge, le subterfuge inavoué pour convaincre Apprentis et Compagnons de l'authenticité des sujets qui y sont débattus. Mais ne soyons pas inutilement polémique.

Donc, ce fameux Grand Architecte de l'Univers !

Je considère pour ma part, tous respects affirmés à l'endroit de mes Frères quelles que soient leurs Obédiences, que les Loges dites *déistes* adoptent, bien trop facilement et sans s'en prémunir, des positions trop rigoureuses, quand elles ne sont pas… dogmatiques.

C'est ainsi qu'ils interprètent le principe du Grand Architecte de l'Univers comme une représentation maçonnique de Dieu. Libre au croyant de croire, mais qu'il laisse les autres n'y voir que le postulat d'une création universelle d'essence cosmique, par exemple.

Or, tous n'ont pas fait montre d'autant de tolérance, pourtant vertu cardinale de la Maçonnerie. Un Franc-Maçon ne devrait pas oublier, si son vécu initiatique a été correctement mené, que l'interprétation d'un symbole est subjective et qu'il n'y a pas lieu de jeter l'anathème sur ceux qui en ont une vision différente.

Chapitre 4

Du Compagnon au Maître

« Tout homme est mon frère tant qu'il n'a pas parlé. »
Jean Rostand,
Pensées d'un biologiste

J'ai connu un Vénérable qui suggérait aux Compagnons de visiter plusieurs Loges, comme le faisaient les Compagnons opératifs. Ils devaient alors rendre compte de leurs impressions à leur Loge mère, avant d'être proposés éventuellement à la maîtrise. J'ai donc effectué ce type de parcours, étape après étape. J'ai de fait eu l'occasion, par les multiples tribulations géographiques de ma vie dans la Cité, de frapper à la porte de Temples très différents. Les voyages d'un Franc-Maçon dans diverses Loges d'Obédiences compatibles sont toujours riches d'enseignements.

Et il y a de tout, au point qu'il ne faudrait pas parler de *la* Franc-Maçonnerie, mais préférer toujours le pluriel, tant l'orientation des Loges, même compte non tenu de leurs Obédiences, les place sur des axes très variés. Certaines sont frappées du label sans équivoque de l'orthodoxie la plus intransigeante, d'autres sont explicitement politiques… Et certaines encore se piquent d'occulte.

L'une des conséquences de ce goût prononcé du public pour l'ésotérisme de pacotille est que les rayons des librairies ont été envahis, entre autres, de quantités d'ouvrages d'exégèse autour de la symbolique pseudo-maçonnique. Ouvrages qui ne sont pas tous, hélas !, et loin s'en faut, des ouvrages de Profanes, car cette propension à l'occulte existe bien au sein même du Temple. Les « conséquences » et les « conclusions » que ces auteurs tirent de leurs divagations hermétiques détruisent plutôt qu'elles n'enseignent.

Au hasard d'une pérégrination, je me suis aussi frotté à l'une de ces respectables Loges qui s'était entichée de « sciences parallèles », pour utiliser la litote officielle. Celle-ci pratiquait l'exercice avec une sorte d'ivresse béate qui d'emblée choqua mon rationalisme. Je n'étais pas contre une exploration réfléchie de l'abstrait, au contraire, mais cette façon d'aborder la frange du connu, avec un goût un peu pervers pour le mystère, déclenchait chez moi des mouvements de recul instinctifs.

Mais *à Rome, fais comme les Romains.*

Par respect pour les Frères qui m'avaient accueilli, pour préserver la cohésion de leur Atelier, j'acceptai de me pencher sur la Kabbale, de considérer les « visions » de l'astrologie et de m'aventurer sur les chemins de traverse de l'Alchimie. J'avais l'impression de sentir, penché par-dessus mon épaule, Michel de Nostre-Dame, best-seller incontesté du genre.

Ne lui en déplaise, ma tentative fut — je peux le dire —, pitoyable. Je me faisais l'impression d'avancer les yeux bandés sur un chemin de randonnée sinueux comme un labyrinthe, en sachant que se trouvait quelque part un précipice sans fond. Les nuances, les extrapolations, les associations d'idées loufoques que pratiquaient couramment ces disciplines présentaient de rédhibitoires incompatibilités avec mon modeste cheminement de béotien. Sur les conseils du Vénérable, je quittai la Loge fraternellement.

Mais il me fut aussi donné d'assister à des Tenues solennelles dans des Loges où l'accueil, la cérémonie proprement dite s'inscrivaient parfaitement dans les racines de la tradition. Les agapes y avaient tournure de banquets familiaux où les plaisanteries fusaient.

Deux Apprentis apportent le pain au Vénérable. Celui-ci le rompt en respectant scrupuleusement cette si chaleureuse notion de partage. Les Frères se passent, de l'un à l'autre, les morceaux. Puis, quand tout le monde est servi, les Frères tiennent d'une ferme main droite le morceau qu'ils ont reçu. Avant d'en absorber une bouchée, à la demande du Vénérable, ils clament en chœur :

— À moi, mes Frères !

Le rituel change imperceptiblement d'une Loge à l'autre mais l'émotion, elle, conserve toute son intensité.

Cette tradition des agapes m'est chère. Elle n'est pas sans rappeler les pratiques des Apôtres, certes. Le Vénérable y apparaît un peu comme un *pater familias*, c'est vrai. N'empêche, j'y suis très attaché.

Et puis j'ai aussi eu l'occasion de pénétrer dans ces Loges… j'ose à peine dire leur spécificité !… ces Loges mixtes. *Mixte* ! Cela veut dire « avec des femmes » ! *Vade retro, Satanas…*

La science — ou est-ce la langue elle-même ? — est irrévérencieuse à l'égard de la femme. Elle désigne l'ensemble de l'espèce sous le vocable « Homme », omettant avec désinvolture une bonne moitié de cette espèce, comme si elle ignorait l'autre face du masque de Janus. Il y a bien la locution « espèce humaine », moins misogyne, mais on sait bien quel sort l'usage réserve aux formules trop longues quand il dispose d'un seul mot, fût-il sexiste.

Quant à la question de l'admission des femmes dans la Franc-Maçonnerie, et des débats surréalistes qu'elle a suscités, elle relève de la comédie burlesque.

Car cette question a embarrassé des générations de Francs-Maçons mâles qui furent simultanément, au cours de l'histoire, persuadés de leur supériorité, misogynes, sexistes, machistes et enfin anti-féministes. Dès l'origine, l'interprétation des textes constitutifs du mouvement, les *Constitutions* d'Anderson, avait donné un prétexte aux hommes pour rejeter avec mépris l'initiation des femmes. Il fallut bien pourtant assumer le courant de libéralisation de la condition féminine, qui s'inscrivait dans la logique de l'évolution historique de la fin du XVIIIe siècle.

Les femmes furent donc tolérées en Franc-Maçonnerie pour *permettre à ce sexe charmant de participer à la charité et à la philosophie*. Je n'ai pu m'empêcher de citer cette désuète pirouette rhétorique qui permit aux Maçons du XIXe siècle de paraître magnanimes, alors même qu'ils supposaient que cette décision allait affaiblir la chaîne d'Union*. Ils ont même cru, un moment, échapper à la constitution de Loges féminines indépendantes, en les faisant enregistrer sous la tutelle de Loges masculines et en les dénommant « Loges d'adoption ».

Qu'importe l'ingéniosité de ces dérobades, les femmes ont dû accomplir un véritable parcours du combattant pour accéder enfin à l'initiation maçonnique avec tout ce qu'elle comporte d'exaltant.

Mais soyons clairs : la différenciation sexuée existe toujours en Franc-Maçonnerie. Après de multiples épisodes à rebondissements, quelquefois saugrenus, et dont je vous fais grâce, le résultat est une mosaïque d'Obédiences dont certaines sont farouchement masculines, d'autres, en réaction, uniquement féminines, d'autres enfin mixtes à des degrés divers. Ces dernières n'ayant pas forcément résolu cette équation de l'appartenance des femmes à la Maçonnerie.

Car, aujourd'hui encore, les réticences sont tenaces. Elles seraient, nous dit-on, inspirées de l'héritage opératif. Les bâtisseurs de cathédrales étaient des hommes, la pénibilité de leurs travaux excluait de leurs rangs le « sexe faible ». À l'époque de la cybernétique, de la biologie macromoléculaire et des greffes d'organes, cet argument serait risible s'il n'était le signe indubitable que nos sociétés, Franc-Maçonnerie comprise, raisonnent comme aux temps de l'*Homo erectus* traînant sa femelle par les cheveux le gourdin à la main. Au passage, même cette dernière image sexiste ne repose sur aucune vérité archéologique, c'est de la bande dessinée…

Il est fort regrettable que la Maçonnerie ait mis tant de temps pour reconnaître à la femme la qualité de Sœur, lui ouvrir les portes des Temples, faire vivre aux deux sexes les mêmes épreuves initiatiques, assumer dans l'Ordre les mêmes responsabilités. Elles ont incontestablement — comment pourrait-il en être autrement ? — des pierres à apporter à l'édifice sans lesquelles il serait bancal.

La première initiation d'une femme eut lieu en 1827 dans une Loge irlandaise. On dit pourtant l'Irlande conservatrice. Rappelons que les femmes n'eurent en France le droit de vote qu'en 1946 !

Aujourd'hui, la plus importante Obédience mixte française est celle du Droit humain, fondée en 1893. Les fondateurs, sous l'impulsion de la journaliste Maria Desraimes, voulaient, avec cette nouvelle Obédience, bâtir une préfiguration de la société future, dans laquelle ils imaginaient que la femme serait reconnue membre à part entière de la Cité, sans sacrifier sa sensibilité propre. J'ai eu l'opportunité de participer à plusieurs Tenues solennelles, dans quelques-unes de ces Loges du Droit humain. J'ai été frappé par le sérieux des Frères et des Sœurs dans le respect du rituel et des traditions maçonniques. Et notamment pour ce qui concerne l'accueil réservé aux Frères Visiteurs. Leur caractère particulièrement familial est extrêmement séduisant parce qu'il maintient, à mon avis, cette tradition séculaire de convivialité solidaire que beaucoup d'Obédiences rigoristes ont perdue.

Le plus pathétique est sans doute que le Droit humain est une Obédience considérée comme « irrégulière » par de grandes Obédiences françaises, lesquelles sont considérées elles-mêmes comme « irrégulières » par la Grande Loge d'Angleterre. Que voilà bien des batailles de clochers !

En fait, le sexisme de la Franc-Maçonnerie, véritable *apartheid* dans certaines Obédiences, ne repose sur aucune réalité sociologique, si ce n'est le complexe masculin de supériorité ! La problématique de l'évolution de l'institution est inchangée : s'adapter au changement des mœurs, tout en conservant le cœur, le centre énergétique de la sublimation par l'initiation.

*

* *

La cérémonie la plus belle, la plus grandiose, dont la plupart des Francs-Maçons gardent un souvenir exaltant, quel que soit par la suite leur itinéraire, est celle du passage de Compagnon à Maître. Elle porte bien son nom : l'Exaltation à la Maîtrise. Je n'ai pas connu, dans ma vie maçonnique, de circonstance plus privilégiée.

Les Francs-Maçons se veulent les « descendants » de Maître Hiram, l'architecte du Temple de Jérusalem. Maintes fois détruit et rebâti, au fil des guerres et des conquêtes, il reste le symbole de toute création humaine. L'initiation à la maîtrise s'inspire de l'histoire de la construction du Temple original, pleine de rebondissements dans lesquels des Compagnons félons tentent de s'opposer à la volonté des bâtisseurs, et qui se termine par l'assassinat de Maître Hiram.

Bouleversé pendant que l'on me revêtait du tablier

1. Notons que *mineur* en Franc-Maçonnerie ne signifie pas « subalterne ».

de Maître, je prenais conscience de la responsabilité qui m'incombait désormais.

J'avais pourtant exercé quelques fonctions mineures[1] en tant que Compagnon, mais j'étais maintenant Maître Maçon !

Je ne pouvais pas imaginer, trois années plus tôt, que je parcourrais le Temple, appliqué à observer le signe du Maître qui venait de m'être révélé, apprenant que j'étais doté de la plénitude de mes droits maçonniques, comme le prescrit la tradition pour les Maîtres Maçons.

Je m'imprégnais silencieusement de mon nouveau rôle.

Après les agapes, qui eurent lieu dans une atmosphère joyeuse, je rentrai chez moi. Cette nuit-là aussi, je dormis mal et, comme les fois précédentes, je revécus en rêve l'initiation de la veille.

Quinze jours s'écoulaient habituellement entre deux Tenues, je crus que je n'aurais pas la patience d'attendre. J'avais maintenant, n'ayant pas d'Office particulier, le choix de ma place sur les Colonnes. Les Apprentis et les Compagnons, qui n'avaient pas, bien entendu, assisté à l'initiation des nouveaux Maîtres, nous observaient avec curiosité, comme si nous étions devenus détenteurs d'étranges secrets, auxquels ils espéraient accéder plus tard. Ils nous félicitèrent fraternellement avant la Tenue, comme il est d'usage, et je notai, également, chez les deux autres Frères qui avaient été en même temps que moi investis de la maîtrise, une attitude et un recueillement qui montraient, semble-t-il, qu'ils avaient, eux aussi, un sentiment de responsabilité que leur conférait leur toute récente nomination.

À ce propos, il me faut éclairer le Profane. J'ai déjà dit que la Franc-Maçonnerie admettait de nombreux grades qui varient d'une Obédience à l'autre. Nous y reviendrons mais, dès à présent, je tiens à faire remarquer qu'encore une fois le passage à un grade supérieur ne doit pas s'entendre comme une promotion au sens courant du terme, mais comme une progression initiatique.

L'accès à la maîtrise me permit de prendre la parole en Loge plus souvent, et, notamment, de m'y voir confier des Planches.

Je voudrais aussi m'efforcer de faire appréhender au Profane la différence qu'il peut y avoir entre une Tenue solennelle et, par exemple, une réunion professionnelle ou politique, le colloque de telle ou telle corporation, etc.

En Loge, les Tenues sont empreintes de tolérance et de considération réciproques. Le langage y est toujours courtois et réservé, jamais expansif ou polémique. L'honnêteté intellectuelle est la norme. Elle peut conduire à reconnaître devant l'assemblée une erreur commise plus tôt, sans craindre le persiflage de l'assistance ou le triomphalisme d'un contradicteur.

Il est fréquent qu'un Frère accepte l'opinion d'un autre, considérant que ses arguments sont plus convaincants que les siens. Il n'est pas exclu qu'il n'éprouve pas plus de sympathie pour son contradicteur que n'importe quel homme ordinaire. Toutefois, en Loge il se comportera en Franc-Maçon.

Il ne s'agit nullement d'hypocrisie, mais de respect. Le Franc-Maçon n'est évidemment pas exempt des heurts ordinaires entre personnalités de caractère opposé, mais il a appris à les modérer.

Les Planches en Loge me donnaient l'occasion de traiter de sociologie et d'histoire, deux disciplines qui me sont chères. Il existe un consensus maçonnique dans la manière de présenter ce type de sujets qui frôlent les préoccupations profanes. J'appartenais à une Obédience qui avait fait le choix de prendre en compte et de tenter d'analyser les problèmes de société, à la différence d'autres qui n'abordaient que des sujets maçonniques, philosophiques et ésotériques.

Le Franc-Maçon qui évoque un problème d'actualité en Loge doit être prudent. La frontière qui sépare la vision maçonnique de la vision profane est poreuse. À l'extérieur du Temple, un événement d'actualité encore brûlant provoque souvent les passions et la violence. Il ne faut donc pas les transposer à l'intérieur sacralisé du Temple, où la sérénité est de règle.

*

*   *

J'acquérais peu à peu, à la fois sur l'institution et sur les hommes qui la servaient, un jugement plus réaliste que lors de mes premières années euphoriques. Je n'en conserve pas moins ma fidélité à la Franc-Maçonnerie et aux concepts dont elle se réclame.

Pendant toute la période de ma maîtrise, j'assistais aux Tenues avec une assiduité rigoureuse. Non pas par devoir, plutôt par la nécessité que je ressentais de persévérer, d'aller plus loin. Je sais maintenant que cette opiniâtreté répondait à une vision idéalisée d'une société qui avait, comme les autres, les défauts et les qualités de n'importe laquelle des entreprises humaines. Et à ce titre, la Franc-Maçonnerie fait aussi alterner l'ombre et la lumière, même si elle ne se prévaut que de la seconde.

Je commençais à découvrir l'existence de conflits latents au sein de la Loge. Ils étaient imperceptibles mais réels. J'avais surpris des conversations hors du Temple, sur le parvis, qui faisaient état de dissensions entre Frères dans leur vie profane. Je découvrais que les tourments de l'extérieur avaient aussi une influence entre nos murs.

Chacun des mes actes et de mes paroles en Loge étaient empreints d'une grande ferveur dont je m'aperçus bientôt qu'elle gênait certains des vieux Maîtres Maçons confortablement assis sur les Colonnes. Ils avaient fait les pas rituels qui les avaient conduits au bout de leurs ambitions, ils étaient Maîtres, ils jouissaient de *la plénitude de leur Droits maçonniques*, et cela leur suffisait. Ils étaient devenus des gérontes paisibles et inactifs, refusaient les charges, accomplissaient les gestes symboliques mécaniquement. À la fin de la Tenue, ils s'accrochaient plutôt qu'ils ne s'inséraient dans la Chaîne d'Union* et sa résistance s'en ressentait. Comme pour toute chaîne, elle se mesure à celle de son maillon le plus faible.

La plupart des Apprentis ne pouvaient pas voir en peinture ces gérontes poussifs. Encore pleins de l'émotion de leur engagement récent, cette apathie, cette indolence étaient à leurs yeux révoltantes et insupportables. Ils les évitaient le plus possible, aux agapes, sur le parvis ou à l'extérieur.

Je fus pressenti à cette époque pour adhérer à une Fraternelle. Autant le dire tout de suite, je n'ai jamais eu beaucoup de goût pour ces groupes, plus ou moins formels, qui réunissent des Frères travaillant dans le même milieu. Ils me sont toujours apparus comme des collectifs uniquement préoccupés par la conjonction de leurs intérêts. D'ailleurs les documents censés jeter les bases de cette Fraternelle mentionnaient des objectifs beaucoup plus profanes que maçonniques. Le formulaire d'adhésion et le commentaire qui l'accompagnait avaient plus à voir avec un club de golf qu'avec la Grande Loge de France.

Ce disant, je n'ai nullement l'intention de conforter l'opinion trop largement répandue qui voudrait que la Maçonnerie ne soit *que* cela, une sorte de lobby œuvrant dans l'ombre, un cercle d'éminences grises. Je le dis clair et fort : c'est complètement faux ! Mais l'Ordre maçonnique, comme toute organisation institutionnalisée, a ses feudataires, ses carriéristes, ses militants, ses idéalistes. Tout cela s'équilibre plus ou moins, les rivalités se neutralisent l'une l'autre, et l'institution avance, comme toutes les autres. Non, la Franc-Maçonnerie n'est pas une organisation politique secrète où séviraient les relations de pouvoir, les accords objectifs, les trahisons de couloir, les calomnies de salon et les complots de basses-fosses.

Cette réputation qui colle aux chausses de la Maçonnerie, entretenue par une certaine presse, provient à mon sens de deux faits.

D'abord certaines Obédiences — le Grand Orient de France, par exemple — estiment que leur vocation implique d'apporter une réponse maçonnique aux problèmes actuels de la Cité. Je trouve ce choix courageux — la profession de foi du Franc-Maçon intègre, par principe, l'amélioration de la condition humaine. Mais des dérives existent là aussi, qui font que l'institution s'implique à mauvais escient dans des rivalités profanes, et prête le flanc aux critiques de ses adversaires. Mais est-ce vraiment évitable quand on descend dans l'arène ?

Ensuite, qu'on l'admette ou non, la Fraternité dérange. La complicité entre Maçons agace le Profane qui ne la comprend pas, donnant du coup à *complicité* non plus le sens de *camaraderie* mais celui de *collusion*. Là aussi, comment faire autrement ? Ce cheminement initiatique et les vertus cardinales enseignées en Loge font du Franc-Maçon un individu particulier. Il y acquiert — théoriquement du moins — la maîtrise de sa pensée et de ses émotions, l'esprit de synthèse, la capacité d'écoute d'autrui, la solidarité, l'humilité et le doute, pour une vision globale de l'être humain. Ces spécificités se répercutent forcément sur sa vie dans la Cité, et il arrive souvent que les Francs-Maçons se reconnaissent entre eux, sans même avoir à accomplir les gestes ou a prononcer les paroles qui leur permettent de le faire. C'est humain…

Un peu idéaliste, ma vision du Maçon ? Sans doute. Mais que voulez-vous, on me l'a souvent reproché, j'ai toujours voulu « mettre la barre trop haut ».

*

*   *

Autre pierre angulaire de la Franc-Maçonnerie : l'égalité des Frères entre eux et, au-delà, de chaque représentant de l'espèce humaine.

Pour dire deux mots des catégories sociales représentées, il faut bien admettre que l'on rencontre en Loge davantage de P.-D.G. que de garçons de courses ! Les classes moyennes et hautes sont surreprésentées. Sans doute oui, les Loges sont souvent des nids d'intellectuels, vrais ou faux, avec ou sans vernis. Peu de manuels en tout cas y revendiquent leurs mains. Bien qu'elles s'en défendent, toutes les Obédiences, même involontairement, sont élitistes. Ce qui est pourtant la négation même du principe d'égalité des chances, dont affirme se réclamer l'institution elle-même. C'est contradictoire, indubitablement — et sur ce sujet, en trois décennies de Loge, j'en ai vu de belles !

J'ai entendu sur le parvis des Frères se moquer entre eux de tel autre d'origine sociale modeste, ou affubler celui-là, travailleur plus fruste qu'eux, d'un sobriquet péjoratif. J'ai fréquenté des Loges singulièrement sélectives, composées uniquement de notables… à une ou deux exceptions près, comme pour se donner bonne conscience. J'ai entendu un précieux me glissant à l'oreille, pendant des agapes, en me désignant d'un geste du menton un Frère placé à l'autre bout de la table :

— Tu as vu celui-là, il se tient à table comme un porc. Bah, c'est vrai que c'est un ouvrier !

J'ai eu parfois l'occasion de constater que, dans certaines Loges, on pratiquait cette espèce de Franc-Maçonnerie de façade qui transforme le Temple en Club-Services, un *Lion's Club* ou un *Rotary*, avec en prime la pompe du rituel et le goût du secret.

Et si je suis parvenu dans ces occasions à contenir ma colère, je ne le dois qu'à la maîtrise de soi que mon initiation m'a permis d'acquérir.

Car le concept d'égalité a un sens maçonnique très précis, induit dans de nombreux principes faisant référence aux tailleurs de pierres : *Tout Franc-Maçon participe à la construction du Temple. Le premier ouvrage le conduit de la pierre brute à la pierre taillée. L'édifice est un tout et le sommet n'existe pas sans les pierres qui en constituent la base*. Etc.

Si l'ordonnance du Temple admet une forme de hiérarchie basée sur l'initiation et concrétisée par les degrés, le Franc-Maçon n'exerce d'autorité que le temps d'un Office. Le Vénérable Maître qui a terminé son Office se dirige naturellement vers la porte du Temple, où il sera simple Couvreur. Il passe sans regret du trône de l'Orient, avec ses fastes et ses décors, à une simple chaise. Désormais, il sera le Tuileur, qui frappe à la porte, et n'ouvrira celle-ci que sur l'ordre du Vénérable Maître qui lui a succédé. Pour l'Apprenti, c'est une vive émotion que de voir le Vénérable, celui qui l'a initié et pour lequel il a de l'admiration, retirer lui-même les insignes de son Office, descendre les marches de son plateau et s'asseoir tout simplement à une place plus modeste. Un regard à la Voûte étoilée sur le plafond du Temple, et l'Apprenti comprend que le Cosmos n'a ni hauteur, ni longueur… ni hiérarchie.

L'égalité entre les Frères est aussi, au-delà du principe, la possibilité pour chacun d'eux de participer à l'œuvre commune, de se mêler de tout, quelles que soient son origine et sa fonction sociale. Possibilité d'autant précieuse qu'elle distingue justement l'espace du Temple de l'espace profane, où chacun est figé dans son rôle, dans son milieu.

Après le rituel d'ouverture de la Loge, quand les Frères se sont installés à leur place dans les Colonnes, le Vénérable donne au Couvreur l'ordre de fermer la porte et prononce cette phrase :

— Nous ne sommes plus dans le Monde profane.

Oui, la Loge doit être considérée comme un espace privilégié. Mais pour autant, il ne faut pas laisser dans le Temple les principes maçonniques. Hélas ! beaucoup de Francs-Maçons l'oublient !

Il y a une forme de schizophrénie dont certains d'entre eux souffrent. J'en ai vu se comporter dans la vie ordinaire de manière scandaleuse, et même ignoble, alors qu'ils avaient entre les murs du Temple une attitude et des positions radicalement différentes. Je me suis longuement interrogé à propos de cette espèce de dédoublement de la personnalité, remettant moi-même en question l'initiation en tant que telle. Après tout, peut-être que je me faisais des illusions, qu'elle n'était au fond qu'un prétexte, un cérémonial qui ne modifiait guère la nature profonde des Initiés, et que celle-ci reprenait ses droits une fois la porte du Temple franchie. L'initiation transcendait-elle réellement l'Initié ? Subissait-il vraiment cette métamorphose subtile que je ressentais, qui avait fait de moi — du moins en avais-je le sentiment — un homme différent ?

Mais je fais là mon Jean-Jacques Rousseau, selon lequel l'Homme *naît bon : c'est la société qui le pervertit*. Le Gentilhomme Maçon Jean-François Arouet, dit Voltaire, m'aurait répondu :

— M. Rousseau voudrait que tous les hommes se remettent à marcher à quatre pattes !

Personne, et surtout pas moi, ne reprochera à l'auteur de l'admirable *Traité sur la tolérance* de ne pas toujours appliquer ces préceptes ; mais que ne ferait-on pour un bon mot ?

Je citais en exergue à ce chapitre une phrase de Jean Rostand : *Tout homme est mon frère tant qu'il n'a pas parlé…*

Rude définition de la Fraternité que donne là le fils d'Edmond Rostand, biologiste d'exception. Peut-être les déboires littéraires de son père ont-ils inspiré cette sévérité ?

À propos de cette notion de Fraternité, les déclarations que j'avais entendues en tant qu'Apprenti m'avaient paru bien fades. Elles ne précisaient pas vraiment ce concept. Tout au plus exprimaient-elles avec légèreté une intention louable, alors que mon interprétation drastique en faisait un postulat.

Pour moi, et pour d'autres, la Fraternité avait la couleur de l'absolu : on donnait sans contrepartie dans une disponibilité totale et une solidarité sans faille. Le Frère, dans la graduation des relations, se situait au-delà de l'ami, en ce sens qu'il y avait là une permanence qui n'avait cure des aléas de l'amitié.

Au cours de mon année d'Apprenti, aucun Frère ne sollicita cette Fraternité de ma part et, hors les Tenues et les agapes, j'avais assez peu de contacts directs avec des membres de ma Loge, si ce n'est au hasard de rencontres fortuites.

Et puis la situation changea brusquement, comme si le tout début de mon initiation représentait à cet égard une sorte de période d'essai. Mais il est vrai qu'un séisme s'était produit hors des murs du Temple. Ce séisme s'appelait « chômage ». L'économie montrait déjà des signes alarmants de récession probable. Les chefs d'entreprises devenaient sourcilleux sur les compétences de leurs collaborateurs. Mon activité professionnelle était en contact direct avec les milieux industriels, et j'avais dans ce milieu un « potentiel de recommandation » non négligeable.

Mes nouveaux Frères, après en avoir été informés j'ignore par quel truchement, mirent à profit ce potentiel que leur apportait le récent Initié et s'intéressèrent fortement aux opportunités dont je disposais. Je me sentais lié par ma vision de la Fraternité que j'ai décrite, elle m'obligeait à répondre au mieux de mes possibilités à ces demandes multiples. Étaient-elles de l'ordre du calcul cynique, étaient-elles normales dans le cadre d'une Loge qui m'avait inséré dans sa Chaîne d'Union ? Je ne le savais pas très bien, mais j'eus un début de réponse quand, à ma grande surprise, le point fut soulevé à la fin d'une Tenue solennelle, au moment des questions diverses. Le Vénérable, citant mon nom, pria les Frères de l'Atelier de faire preuve de plus de modération dans leur demande de services pour leur recherche d'emploi.

J'étais atterré, mais j'ai retenu la leçon : la Fraternité avait des limites au-delà desquelles elle atteignait ses propres paradoxes, qui pouvaient dévier jusqu'à la perversité !

Cela ne va pas toujours aussi loin heureusement. Les contradictions quotidiennes de cette notion de Fraternité sont le plus souvent drôles. Je me souviens que, dans une Loge, le fils du Vénérable avait été initié et que nous ne pouvions nous défendre d'un sourire discret lorsque, après avoir reçu la lumière, ce fils dut appeler « Frère » son propre père.

Ou encore quand un couple marié appartient à la même Loge. En Tenues solennelles, les époux sont Frère et Sœur. Circonstance cocasse qui donne parfois lieu à des plaisanteries, pas toujours du meilleur goût.

Mais cette Fraternité maçonnique est présente aux frontispices de tous les bâtiments officiels, puisque la très honorable devise de la République *Liberté, Égalité, Fraternité* est directement issue de la Franc-Maçonnerie. Eh oui ! Ces mêmes mots : *Liberté, Égalité, Fraternité*, sont proclamés au début et à la fin de chaque Tenue solennelle, situant la nature des relations entre Frères Maçons !

Cela dit, elle est aussi au fronton des prisons. Ce n'est pas notre Frère Guillotin, docteur de son état et éponyme de son invention macabre, qui me démentira.

La définition que la République donne au mot n'est d'ailleurs pas bien plus claire. Dans la déclaration de 1764 relative au sens de la Fraternité, on voit coexister les termes « Frère » et « ami », sans que l'on établisse entre eux une quelconque hiérarchie. Il en sera de même ensuite pour « citoyen », puis, plus tard et ailleurs, pour le fameux « camarade » d'autres révolutions.

*

* *

La Franc-Maçonnerie, même parfaitement authentique, s'est souvent fourvoyée dans les dédales et les chausse-trappes des allées du Pouvoir. Elle s'en est tour à tour flattée ou défendue. À l'analyse des situations que j'ai vécues ou qui m'ont été rapportées, je me suis toujours senti conforté dans la position qui a été la mienne dès les premières années après mon initiation : le rôle de la Franc-Maçonnerie dans les affaires de la Cité doit se limiter strictement à celui d'un organe de réflexion et de conseil, et uniquement dans la mesure où il est sollicité par les responsables de l'État. Car, à s'immiscer de son propre chef dans le débat économique et social, la Franc-Maçonnerie ne peut que se compromettre. Elle devient alors un acteur, un partenaire, avec des intérêts à défendre. Et qui dit « intérêts » dit « compromissions ».

Sous la République, on ne compte plus les ministres francs-maçons. Le record incontestablement revient à la IIIe du nom — au point que cela devint un argument électoral pour certains mouvements politiques — ; ils sont encore fortement représentés sous la IVe, et seront beaucoup plus rares sous la Ve. Les portefeuilles les plus prisés ont été, pour leur intérêt stratégique aisément discernable, les ministères de l'Éducation nationale et de l'Intérieur. Les noms sont connus pour la plupart ; je ne voudrais pas tomber dans ce travers de la Franc-Maçonnerie, qui exhibe volontiers ses membres célèbres, comme si elle avait besoin de faire des campagnes de promotion publicitaire.

Soulignons quand même au passage un curieux phénomène. Tous ceux que l'on a dits maçons ne l'étaient pas forcément. L'initiation et donc l'entrée en Loge étant secrètes, le secret étant le principal terreau de la rumeur, il y en eut de nombreuses à courir sur l'appartenance supposée à la Franc-Maçonnerie de telle personnalité « en vue » ou tel homme public. Les démentis sont rarissimes, tant de la part de ces prétendus Frères que de l'institution. Il n'est pas de grands hommes sans la légende qui va avec, même s'ils l'ont eux-mêmes fabriquée.

Il n'en reste pas moins vrai que le message maçonnique peut constituer un apport constructif à la réflexion sociale collective, et qu'il ne devrait pas être ni négligé ni méconnu. Sa transmission nécessite toutefois une grande prudence. Il faut éviter que les aspects rituels ou symboliques ne fassent passer la Franc-Maçonnerie pour autre chose que ce qu'elle est : un courant de pensée humaniste.

D'autant que désormais le « lobbying », le véritable celui-là, n'hésite plus à siéger jusque dans les hémicycles des chambres parlementaires, nationales ou internationales. Dans certains pays, il est pratiquement devenu une forme de gouvernement et n'a aucune pudeur à exercer toutes sortes de pressions pour défendre, voire imposer, les intérêts corporatistes de tel ou tel lobby.

Pour moi, le principal atout de la Franc-Maçonnerie pour une éventuelle participation à la vie politique et sociale reste sa force de travail et de proposition. Mais... Car il y a un *mais* de belle taille ! Mais à condition que l'institution admette cette force de proposition et accepte de la relayer vers l'extérieur.

J'ai activement participé à des groupes de travail sur ces thèmes étiquetés « société ». Nombreux furent les Frères qui traînaient d'abord un peu des pieds pour s'adonner à ces travaux, attendant une « sollicitation chaleureuse » — et impérative — du Vénérable pour entrer dans ces Ateliers. Ils ne tardaient pourtant pas à se faire entraîner par l'ardeur enthousiaste de ces cellules de recherche, restreintes et conviviales. Il est sorti de ce fructueux labeur collectif des quantités d'idées et de propositions. Leur destination, malheureusement, était imprécise. Elles eurent le sort stérile de nombreux travaux maçonniques et se perdirent dans les arcanes de la hiérarchie supérieure.

Servirent-elles seulement ? Je ne le crois pas.
Et si oui, à qui ? Je ne le sais pas…

Chapitre 5

Du Maître au Vénérable

« Nos décors n'étaient pas riches.
Notre Temple était vieux et dénudé. »
Rudyard Kipling,
La Loge mère

Toute cette première année de maîtrise, troisième année maçonnique, je siégeai donc sur les Colonnes à l'emplacement de mon choix, à l'exception des places de titulaires de postes en Loge. On ne me proposa d'ailleurs l'exercice d'aucune de ces fonctions et je n'en conçus aucun ressentiment. Cela ne m'a même pas effleuré.

Je sus, des années plus tard, que le Conseil restreint des anciens Vénérables avait décidé de me ménager une année de transition. La mesure était sage et s'inscrivait dans le droit fil du processus maçonnique. Le cheminement doit aussi prévoir des moments d'observation et de questionnement introspectif. Ce fut le cas. J'intervenais peu, j'apprenais beaucoup. Une année aussi riche que l'avait été celle, silencieuse, d'Apprenti.

C'est par une force centripète constante que, comme toute institution, tout microcosme, la Loge attire en son centre tous ceux qui ont le plus d'affinités avec son énergie globale. L'expression a connu quelques succès : on appelle cela « le noyau dur ».

J'étais, sans le savoir, l'objet d'une attention soutenue de ce noyau dur de ma Loge, ou du moins de trois ou quatre parmi ceux qui le composaient. Je n'irai pas jusqu'à prétendre qu'ils m'espionnaient, la connotation est trop péjorative, mais disons qu'ils épiaient mes comportements avec une discrétion qui les honore. Ces Frères, tous d'anciens Vénérables de la Loge, avaient accédé à des niveaux supérieurs et avaient pour mission d'identifier, parmi les Maîtres récents, ceux qui pouvaient être « cooptés » aux grades dits « supérieurs ».

Je n'étais guère documenté, comme d'habitude, sur les grades en Franc-Maçonnerie. Je me suis même refusé, un temps, l'emploi de ce mot qui me semblait induire une notion de hiérarchie en contradiction évidente avec le cheminement initiatique.

Il est probable que mon entrée peu orthodoxe en Maçonnerie m'avait tout d'abord rendu suspect. Puis mon assiduité, mon adhésion à l'idéal de l'Ordre, mon enthousiasme aussi visible que non prémédité firent que mon itinéraire maçonnique fut assez rapidement esquissé par mes pairs.

Ce n'est donc que la deuxième année de ma maîtrise que le vote des Maîtres de la Loge me fit gravir quelques marches de plus vers l'Orient. Ma responsabilité était toute simple : disposer sur le tapis de Loge, qui correspond à la surface tracée par les anciens Compagnons, pour marquer la matérialisation de la Loge, les outils et la pierre symbolique.

J'avais été désigné à ce poste par le vote des Frères Maîtres composant la Loge, sans avoir été candidat. Au passage, je ferai observer que je n'ai jamais aspiré à quelques responsabilités ou fonctions que ce soit. Mon intime conviction était qu'un Franc-Maçon ne saurait faire carrière au sein de l'Ordre, qu'il appartenait à ses Frères de le reconnaître comme étant digne d'un poste et de le proposer comme tel.

Toujours par un vote auquel je n'étais pas candidat, je gagnai l'estrade où siègent le Vénérable, le Secrétaire et… l'Orateur, puisque c'est ce que j'étais désormais.

J'avais le goût de la parole et un brin d'éloquence. J'ai adoré l'idée que je pourrais insuffler aux mots, aux phrases le poids de la rhétorique à laquelle mes études, marquées par l'empreinte sévère de la Compagnie de Jésus, m'avaient déjà permis de me frotter.

Las ! Ce n'est pas du tout la fonction d'un Orateur dans une Loge maçonnique. Il est le gardien de la Loi édictée par son Ordre. Il doit veiller à la stricte observance des règlements et de la Constitution de l'Obédience. À l'issue des débats, il lui revient de présenter les conclusions, les explications de vote, et, même si nul ne peut prendre la parole après lui, j'étais loin de pouvoir m'exercer à la faconde du tribun. Je mesurais, une fois de plus, la spécificité maçonnique des charges et des Offices. Néanmoins, je crois que je ne fus pas un mauvais Orateur. Je me contraignais en tout cas à adopter l'attitude d'écoute qui sied à la solennité d'un débat en Loge, empesée par un rituel immuable. Il faut savoir contredire si nécessaire, dans le respect réciproque, faire admettre une erreur, sans moquerie ni sarcasme. Et ce fut un exercice profitable, même s'il ne correspondait pas à ce que je mettais de sens profane sous l'art oratoire. J'accomplis cet Office pendant les deux années du mandat du Vénérable en fonction, et j'appris à goûter quand même les quelques plaisirs dévolus aux Orateurs.

Ainsi celui du discours de bienvenue qu'ils doivent prononcer pour accueillir les nouveaux Initiés. C'était, pour moi, très émouvant. Je revivais mes émotions de ce qui avait été un grand moment de mon parcours initiatique.

On vient juste de leur donner la Lumière. Éblouis, ils plissent les yeux, regardent à la hâte autour d'eux pour découvrir qui sont ces gens qui les ont interrogés, qui les ont impressionnés alors qu'ils étaient dans l'incertitude, sous le noir du bandeau. À cet instant privilégié, unique, l'Orateur a le devoir de les rassurer. Et il faut que son discours soit empreint de franchise et spontanéité. Il faut insister sur ce qui est finalement le premier aspect chaleureux de ce premier pas initiatique : ils sont maintenant membres à part entière d'une communauté soudée, issue d'une tradition noble et lointaine.

Peu à peu, le tablier de Franc-Maçon me collait à la peau comme le manteau de Nessus, et les élections suivantes me propulsèrent au poste de Premier Surveillant.

Encore une fois, oubliez les acceptations profanes, il n'y a pas ici de subordination d'un Frère à un autre, juste la reconnaissance librement consentie d'une expérience, d'un vécu plus important. D'une initiation plus avancée.

Un mot tout de même sur les « élections ».

Officiellement, le Candidat — unique — à chaque Office est nommé par le Vénérable, et leurs résultats sont sans surprise dans l'écrasante majorité des cas puisque le noyau dur — les anciens Vénérables, pour l'essentiel —, et donc non institutionnel veille à la répartition des candidatures avec l'alibi d'équilibrer les tendances au sein de la Loge. Il arrive, très rarement, qu'un Candidat se déclare sans avoir aucun aval de quiconque. Pour donner une idée de cette incongruité, sachez qu'on l'appelle un « hérétique ».

Bref. Revenons à nos moutons.

Il y a deux Surveillants. Sous l'autorité du Vénérable, le Second est responsable des Apprentis et des Compagnons, le Premier des Maîtres. Tous deux veillent à la cohérence de la Loge et au déroulement correct de ses débats. Au consensus en somme.

Premier Surveillant, j'avais donc la responsabilité de guider mes pairs, mais aussi d'apprécier les acquis initiatiques des Compagnons vers la maîtrise. Installé sur une petite estrade — le plateau — située à gauche près de la porte du Temple (ou à droite pour les Loges dépendant du Grand Orient de France), j'avais en charge, avec mon alter ego, rien moins que la sauvegarde de *l'énergie cosmique de l'égrégore*.

J'étais aussi l'un des acteurs principaux de cette représentation que constituent les Tenues solennelles.

Comme l'Orateur, je faisais partie de droit du Collège des Officiers — le noyau dur officiel —, un organe de décisions et de propositions de la Loge convoqué par le Vénérable, et auquel participent la plupart des Maîtres.

Je suis resté à ce plateau — terme que l'on confond avec la fonction — pendant deux années consécutives. Mon mandat fut renouvelé à l'issue de la première année, sans qu'il y ait d'« hérétiques ».

L'exercice de la fonction de Premier Surveillant était par tradition, même non écrite, le passage obligé et presque incontournable vers le vénéralat. Encore une fois, je ne le savais pas, on se chargea de me faire savoir alors que la date des élections pour le renouvellement du Vénérable avait été fixée à la Tenue solennelle suivante.

Le Vénérable en fonction me téléphona pour me convier à un déjeuner auquel participeraient des Frères de la Loge, sans me donner plus de précision. Je m'y rendis. Je reconnus quatre des anciens Vénérables de la Loge et un autre Frère, d'un certain âge, qui me fut présenté, sans plus de détails. Sans doute était-il l'un des responsables de l'Obédience. Six à table, nous n'échangeâmes au cours du repas que des propos badins, des généralités concernant l'Obédience, des allusions à notre vie professionnelle.

Au dessert, le Vénérable en poste me déclara tout de go :

— Bien sûr, tu te présentes au vénéralat !

Puis, enchaînant aussitôt, l'élection de toute évidence étant acquise :

— Je te suggère de prévoir un Conseil des Officiers de la Loge pour préparer le programme de l'année prochaine.

La Tenue suivante, une fois l'ordre du jour achevé, on passa aux candidatures en vue de l'élection. J'étais le seul Candidat désigné et, ne voulant pas me singulariser, je me pliai à l'usage en pressentant plusieurs Frères pour les différentes fonctions d'Officiers. Selon l'expression consacrée que connaissent la plupart des Maçons, *dans l'intérêt supérieur de la Loge*...

J'avais communiqué mon projet de constitution des divers postes au Vénérable sortant, évidemment. Il reprit à son compte toutes « mes » candidatures, sans formuler aucune observation. Il avait — je le savais —, consulté les anciens Vénérables.

Son coup de maillet précéda, comme de coutume, l'énoncé du résultat :

— Le Frère Clodic est élu Vénérable Maître.

J'y étais préparé, mais ce résultat — cette sentence ? — me tomba sur les épaules comme une chape de plomb...

J'avais demandé que mon *installation au Plateau de Vénérable Maître* — en clair, la prise de responsabilité de la charge —, qui devait avoir lieu à la Tenue suivante, deux semaines plus tard, soit effectuée par l'ancien Vénérable qui m'avait initié au rang d'Apprenti. C'était une marque d'humilité à laquelle je tenais. Après la prestation de serment, il me remit le sautoir du grade puis le maillet, symboles des pouvoirs qui m'étaient désormais conférés.

Les premiers mois furent pour le nouveau Vénérable, comme pour les autres élus avant moi à ce plateau, une période d'essai. Je trébuchais sur le rituel. Mais l'inévitable émotion s'estompa peu à peu, sans que je parvienne jamais à une aisance parfaite, évidemment. La « direction » d'une Loge procure certes de la joie mais contraint aussi, par la diversité des situations qui se présentent, à des exercices de conciliation insoupçonnés.

Le Vénérable est à la fois le père de ses pairs, leur arbitre particulier et le conciliateur général, le responsable des activités collectives de la Loge et le représentant de celles-ci face à l'Obédience, et face aux autres Loges. Le tout bien sûr en restant à l'écoute, disponible, pour toutes les récriminations, les problèmes extra-maçonniques, les ressentiments de celui-ci, les ambitions de celui-là.

Le vénéralat est une période exaltante… et une redoutable épreuve qui, bien sûr, participe du cheminement initiatique. Et comment !

Je fus amené à vivre son âpreté sous ses différents aspects.

Tout d'abord, un conflit d'intérêts professionnels opposa deux Frères. Ses retombées au plan maçonnique me contraignirent à intercéder. Il me fallut franchir la porte du Temple dans les deux sens pour empêcher que les propos de parvis ne débordent dans l'enceinte, et inversement.

C'est peut-être l'un des cas les plus pénibles pour le Vénérable car il en va de l'équilibre de la Loge tout entière. Il faut entendre les deux protagonistes, leur rappeler l'engagement qu'ils ont pris sous serment, s'efforcer de trouver un point d'accord entre eux pour pouvoir bâtir dessus, pierre après pierre, une nouvelle entente pour souder les deux maillons de la chaîne affaiblie.

Il faut réunir les anciens Vénérables, écouter leurs conseils. Et faire en sorte que cette dispute ne vienne pas polluer l'Atelier dans son ensemble.

Lorsque tout est terminé, que l'accolade fraternelle concrétise la fin du conflit, c'est un soulagement plein d'émotion.

Mais quelquefois, c'est l'échec… Et là, la remise en cause personnelle est profonde.

Vénérable, je fus appelé à présider une réunion dont l'Ordre avait voulu que ma Loge fût l'organisatrice : la réunion de la Fraternelle des Parlementaires. J'émettais des réserves, mais la décision ayant été prise par les Maîtres de ma Loge, je m'inclinai. Me voici donc dans l'un des salons du Sénat, sous les ors de la République, briqués de frais. On me plaça à la table d'honneur d'où je pus voir tous les convives de ce dîner d'apparat. Puis je me retrouvai, entre café et pousse-café, à animer… une tombola ! En faveur certes d'une cause caritative dont j'ai oublié l'objet ; mais, bon sang ! Francs-Maçons mes Frères, qu'allions-nous faire dans cette galère ? Je rentrai chez moi. Pour une longue nuit de veille à me demander si, oui ou non, je rendais cordons et tabliers.

*

* *

L'une des plus intenses émotions que j'ai éprouvées, c'est lorsqu'en qualité de Vénérable, pour la première fois, j'eus à mener l'initiation de trois néophytes. Ceux qui m'avaient précédé dans la fonction m'avaient prévenu, le sourire en coin :

— À la fin de l'initiation, tu verras… tu seras aussi épuisé que les Candidats !

J'étais placé sur la rive opposée à eux, je les regardais, tâtonnant derrière leur bandeau, se mordant les lèvres d'appréhension. Le parcours initiatique est comme le passage d'un guet. Le pied ne doit quitter une pierre qu'après s'être assuré que la pierre suivante pourra supporter ce pas supplémentaire. Une fois gagnée l'autre rive, ces Profanes seront devenus nos Frères.

Je luttais pour ne pas me laisser envahir par mon émotion, essayant de donner au texte du rituel toute sa solennité ; le souvenir me revint du temps où le Candidat, c'était moi…

Ils parvinrent à passer la rivière.

Pendant que l'Orateur prononçait son discours de bienvenue, j'observais intensément nos nouveaux Frères. Ils étaient assis côte à côte sur la Colonne du Nord, semblant entendre plutôt qu'écouter les paroles de l'Orateur, les nerfs encore à vif. Perplexes, ils jetaient des regards d'un point à l'autre de la Loge, s'arrêtaient un instant sur leurs Maîtres, touchaient de la main leur tablier tout neuf, le tablier blanc des Apprentis dont on leur avait dit, un peu plus tôt, qu'ils ne pourraient pénétrer dans le Temple sans en être revêtus.

Leur regard se portait quelquefois, furtivement, sur leur Vénérable. J'entrevoyais alors leur admiration. Sans aucun doute, j'étais à leurs yeux le détenteur omnipotent de secrets incommensurables, une sorte de *deus ex machina* ! Après tout, je venais de leur transmettre la Lumière.

Je ne leur souhaitais qu'une chose : persévérer dans cette vision idéaliste de la Franc-Maçonnerie qui devait être la leur à ce moment-là ! Conservez, s'il vous plaît, toute sa poésie à ce beau concept !

*

*   *

Je m'efforçais dans le cours ordinaire de cette nouvelle responsabilité maçonnique de diversifier les sujets traités au cours des Tenues solennelles, sans perdre la ligne définie par mes prédécesseurs.

Tous les ans, les Instances suprêmes nous soumettaient trois thèmes d'études communs à toutes les Loges. Les problèmes de société avaient une large place et les Frères travaillaient avec ardeur. Nous nous préoccupions des perspectives économiques, sociales et démographiques du XXIe siècle tout proche. Des commissions de travail avaient été constituées pour se répartir les divers aspects de l'étude. Le rapport de notre Loge fut déposé dans les délais, à la fin de ma première année de mandat.

Nous ne pûmes obtenir le rapport de synthèse de tous les travaux réalisés simultanément par l'ensemble des Loges de l'Obédience. Je ne doute pas de l'énergie et du temps que ces travaux avaient coûtés à nombre de Frères, dont certains étaient des experts et des spécialistes reconnus. J'ignorais l'usage qui serait fait de cette masse de travail et d'analyses. À vrai dire, je ne me suis pas posé de question à cette époque. Je ne doutais pas une seconde que cette somme de recherches et de réflexions serait employée au mieux.

Mais mon incapacité à en connaître la finalité, malgré mes demandes successives, me fit prendre un nouveau virage dans mon rapport à l'institution. Je m'étais rendu compte que l'hydre, si elle n'avait qu'un corps, avait plusieurs têtes, au-dessus de nous.

*

*   *

Je commençai donc à réfléchir à la structure de l'Ordre ; il va me falloir, pour tenter de l'expliquer, passer par quelques détours. Et notamment par la pyramide.

Au sujet des constructions pyramidales, de nombreux archéologues, quand ils ne se disputaient pas sur le miracle de leur édification, se sont perdus en conjectures pour tenter d'expliquer leur signification symbolique, qu'il s'agisse de celles de Gizeh, de celles de Teotihuacàn ou de celles d'Angkor, pour ne citer que les principales.

Leurs ratiocinations les égarent et la réalité me semble à la fois plus élémentaire et plus universelle : la configuration pyramidale est le symbole cosmique de l'Humanité. La représentation majestueuse du Grand Œuvre.

Comment l'est-elle devenue ? C'est là l'affaire des archéologues, ou peut-être des neurobiologistes, pourquoi pas ?

En attendant, toutes les sociétés humaines organisées, tous les bâtisseurs, tous les créateurs ont été poussés vers le graphisme de la pyramide : au moins quatre triangles tous conjugués en leurs sommets, quatre étant considéré comme l'expression de la perfection.

La Franc-Maçonnerie, historiquement Ordre de bâtisseurs, n'a pu échapper à cette universalité de la pyramide.

L'appareil maçonnique — autrement dit : l'organisation de la Maçonnerie en tant que groupe humain — est structuré selon ce schéma. Les Loges bleues sont la base sur laquelle les pierres montent une à une en décroissant jusqu'à l'unique pierre de faîte. Les Obédiences sont aussi organisées comme cela.

Pour employer une allégorie de bâtisseurs, la rosace dentelée qui surplombe le tympan sur la façade d'une cathédrale a beau être magnifique, elle l'est aussi parce que le tailleur qui a posé les pierres anonymes des fondations l'a fait avec le même soin que le ciseleur de cette rosace.

Le langage de la Franc-Maçonnerie indique que l'harmonie d'un édifice est fonction de son unicité. L'assemblage de ses pierres, toutes uniques, est destiné à former un tout où elles doivent se perdre. Le principal facteur de trouble est la disharmonie dans la cohérence des pierres.

Considérons cette première projection plane d'une structure pyramidale, qui symbolise la manière dont j'analyse les niveaux hiérarchiques de l'institution (*cf.* Fig. 1, p. 102).

Le premier plan, à la base, est censé représenter la masse indifférenciée des trois premiers degrés — Apprentis, Compagnons et Maîtres. Le deuxième plan — du 4e au 14e degré — n'est accessible que par cooptation. Une forme de sélection, en somme. Le monolithe plein du sommet — du 15e au 33e degré — est censé traduire la cohésion des Grands Initiés. Là aussi, dans la logique du système de la cooptation, la décision de candidature n'appartient pas aux Frères concernés. On le voit, toutes les parties inférieures n'adhèrent pas à ce qui les domine.

Une remarque sur les cavités grisées.

Ces vides supplémentaires par rapport à la déperdition naturelle d'une pyramide — qui se fait par les côtés — représentent les systèmes restrictifs de sélection par cooptation, effectivement sélectifs de la base au sommet.

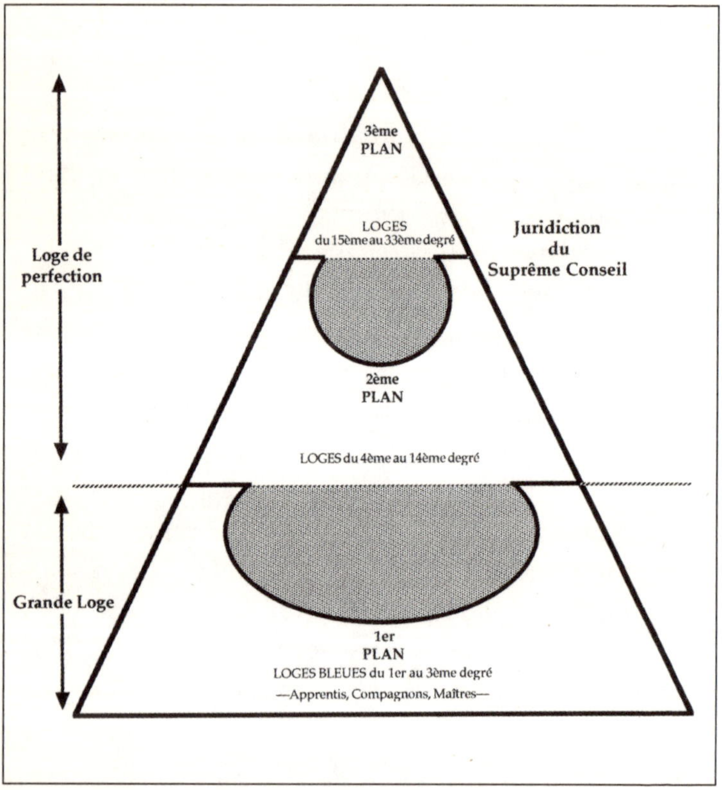

Figure 1 :
Représentation pyramidale des structures hiérarchiques de la Franc-Maçonnerie

Au premier niveau, en effet, tout Apprenti qui persiste est assuré de parvenir au moins au grade de Maître. Ce n'est qu'après que surviendront les éventuels barrages. Et, sans que les critères de sélection aient été définis, les mailles du tamis se resserrent de plus en plus. Ce flou, soigneusement sauvegardé, permet d'adapter l'élévation de tel ou tel Frère en fonction des contingences du moment, sans que l'intéressé connaisse ces données.

Ceux qui seront informés d'une éventuelle cooptation pour la partie supérieure sont les « pierres » au contact. Les autres, pourtant au cœur du dispositif, naviguent dans cette cavité grise, ignorants de ce qui se trame au-dessus.

C'est ainsi que certains sont propulsés vers le haut, sans qu'ils se doutent qu'ils sont les outils d'une savante stratégie de leurs supérieurs, dont, pour les mêmes raisons, les qualités humaines et maçonniques ne sont pas forcément établies. Tous ceux des Loges de perfection n'atteignent le niveau où ils sont qu'au nom d'un consensus aussi mystérieux qu'injustifiable, et non par le biais d'une véritable initiation. Une initiation qui les aurait peut-être fait abandonner, auquel cas ils auraient été la déperdition logique de masse : par les côtés.

Et pourtant, vaille que vaille, la maison tient debout.

Comment ?

C'est, à mon sens, uniquement par la force sous-jacente de valeurs anciennes, assez solides pour servir encore de socle aux impulsions nouvelles. Et grâce à cela, la Franc-Maçonnerie a survécu à tout : ses faiblesses, ses dérives, ses détournements, ses doutes et ses brebis galeuses, les persécutions qui l'ont assaillie. Les crises n'ont cessé de l'ébranler et ne l'ont pas abattue. Elle est demeurée un refuge de la pensée fondamentale. Elle a résisté aux séismes sociaux, aux déclins des spiritualités, aux dogmes et à leurs mutations contradictoires.

Si elle s'est effritée de nombreuses fois au cours de sa longue histoire, les miettes qui restaient ont été suffisamment nombreuses pour sauvegarder l'essentiel : une base suffisante pour que l'on puisse rebâtir.

À ce titre, l'itinéraire historique de l'institution est profondément humain, qu'il s'agisse d'individus ou des sociétés qu'ils construisent : une sinusoïde dont l'amplitude des courbes varie en intensité, mais sans jamais arrêter sa trajectoire. La force de cette constante est qu'elle est capable de contenir toutes les sensibilités à vocation initiatique. Comme tous les grands mouvements qui ont traversé l'Histoire, et qui avaient pour but l'amélioration de l'être humain. Et comme moyen la progression par la seule voie des épreuves successives.

La Franc-Maçonnerie réfute les certitudes et les convictions, sachant que le dogme s'embourbe vite dans les marais de la superstition. C'est à ce titre qu'elle est intemporelle.

Toutefois, n'y a-t-il pas un autre moyen de concevoir la structure hiérarchique de l'institution ? Qu'il s'agisse d'ailleurs de celle-ci ou d'une autre ; mais n'allons pas trop vite, et que le lecteur me fasse le crédit de ne pas voir dans le raisonnement qui suit quelque dérive hermétique consécutive à mes années de Maçonnerie, ou quelque extrapolation hasardeuse de ses symboles.

Admettons comme postulat théorique que nos sociétés sont structurées de la manière suivante : chaque institution a une structure hiérarchique pyramidale, solidaire des autres, incluse dans un tout lui-même pyramidal. Il n'existe qu'un seul sommet qui exerce une direction qui, dans le cas d'une démocratie — *le pire système à l'exception de tous les autres*, déclarait Churchill —, est à la fois alternative et collégiale.

Quelle que soit l'institution, elle n'est qu'un élément du Tout, le rouage d'une immense mécanique, dont tout converge vers le sommet. Une seule et unique convergence. Autrement dit : nous vivons dans une démocratie de l'élite, par l'élite et pour l'élite. Et, ainsi qu'on l'a vu sur le schéma précédent, la Franc-Maçonnerie autant que les autres institutions.

Je commence à mieux comprendre pourquoi les anciens Égyptiens ont érigé ces trois monuments grandioses que sont la pyramide de Kheops — la plus grande —, celle de Khephren — au centre — et celle de Mykérinos — la plus petite, au sud —, et pourquoi ils l'ont fait à Gizeh précisément, un lieu où, vraisemblablement, se cumule un potentiel magnétique considérable de notre magma terrestre. Pour moi, elles sont des concrétions d'énergies reliées par le sol. Force est de constater que toutes sont rigoureusement orientées grâce à des repères astronomiques incroyablement précis, que chacune est parfaite dans sa rigueur géométrique, qu'elles sont bâties de pierres nobles : un calcaire appareillé et revêtu de granit.

Peu importent en cette occurrence mes opinions, reprenons le raisonnement.

La projection plane de ces pyramides peut contenir, géométriquement, au moins quatre triangles dont deux forment losange. Le graphisme qui en résulte n'est pas seulement une figure géométrique.

Ces quatre triangles sont donc équilatéraux, ils en dessinent un cinquième qui l'est aussi, évidemment. Les triangles 1, 2 et 3 ont un sommet commun — le rond noir du bas. Les triangles 1, 3 et 4 peuvent se plier, créant ainsi une pyramide qui regroupe leurs sommets au même point — le rond noir du haut. Le schéma est reproductible à l'infini dans chacun des quatre triangles, qui en formera quatre à son tour, qui… etc.

Si l'on transpose le raisonnement de ce schéma à l'institution maçonnique — et au-delà à l'organisation sociétale —, on s'apercevra vite que chaque Initié — ou individu — dans sa Loge — son environnement social — peut accéder s'il le désire au décisionnel en sachant qu'il ne pourra que le céder et reprendre sa place dans les Colonnes — la société.

Après un long et pénible travail sur moi-même et sur l'institution maçonnique, je vais avoir l'outrecuidance d'affirmer que ce schéma, et le type d'organisation qui en découle, est un modèle préservant à la fois l'individu et sa promotion initiatique. Cette conviction peut sembler contredire le principe maçonnique ; je pense au contraire qu'il s'y intègre et le transcende.

Il en va strictement de même pour la démocratie.

*

* *

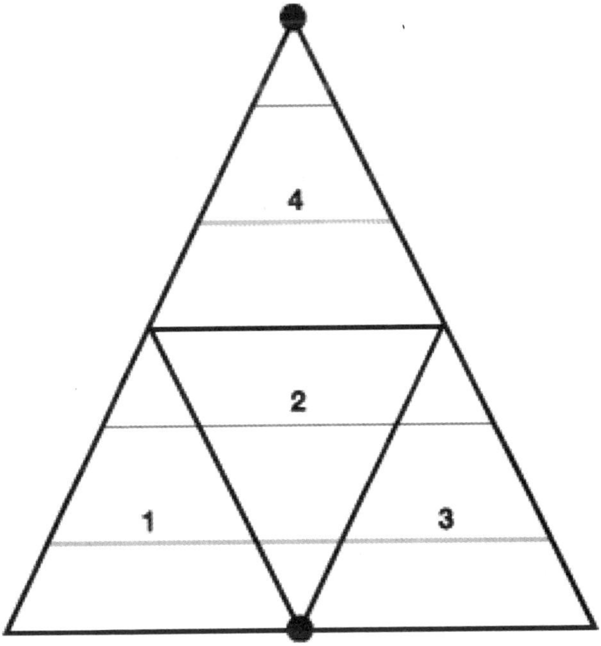

Figure 2 : *La rencontre des sommets*

J'ai déjà proposé un bref aperçu historique de la Franc-Maçonnerie. Un aperçu auquel il convient maintenant d'ajouter les maillons qui ont conduit directement des premiers pas de l'Humanité aux principes fondateurs de la Franc-Maçonnerie, dont les origines historiques n'ont pas été, à mon sens, vraiment identifiées. Encore une fois, il n'est pas question ici de faire œuvre d'historien, seulement de poser des jalons.

Depuis l'apparition de l'*Homo sapiens*, la Force fut longtemps le seul critère de la pérennité de ces valeurs fondamentales qui sont à la base réelle des mécanismes de toutes les sociétés. Je ne suis pas certain que la prédominance de la Force d'un individu sur un autre, d'une société sur sa voisine comme critère fondamental n'ait pas persisté jusqu'à nos jours, sous des formes rénovées. Je suis même sûr du contraire…

Bien après l'avènement de l'*Homo sapiens sapiens*, nombre de ces collectivités que l'on a improprement qualifiées de « sociétés primitives » ont dans leur ensemble privilégié la progression initiatique de leurs membres, constituant finalement à leurs origines une société du type de celle que je décris sommairement avec le schéma de la figure 2.

Les exemples abondent, et il serait vain de vouloir les citer tous, mais, pour mémoire, notons que l'idée de la mort rituelle obligatoirement liée à celle de la renaissance est présente dans toutes ces civilisations.

Ces démarches multiples initiatiques se sont succédé, s'inspirant des précédentes, se nourrissant les unes des autres et oubliant leurs racines pour enfin se déclarer « authentiques ». On retrouve ce phénomène en Maçonnerie, évidemment, avec la Grande Loge nationale d'Angleterre qui serait la seule « authentique ».

Revenons donc à l'Égypte de l'Antiquité et retenons le cheminement initiatique des prêtres égyptiens, tel qu'il est actuellement connu.

Le couloir à l'intérieur de la pyramide — sa hauteur est variable — conduit au fond des Enfers. Il contraint le néophyte à se courber, à ramper pour les atteindre. Le tunnel s'élargit juste avant la dernière montée pour gagner un sol horizontal qui précède la salle du sarcophage. Auparavant, on a bandé les yeux de celui qui a osé s'aventurer jusque-là. Le futur Initié doit se coucher dans le sarcophage pour mourir… et renaître comme Osiris, sans cesse renouvelé. *Renaître en sa jeune eau*, disent les papyrus. L'initiateur évoque au passage la mission de Pharaon, son périple dans un Cosmos dont il est issu.

L'injonction est aride : pour être initié, il faut acquérir un regard juste, sinon on est un spectateur sans conscience.

Les traductions dont nous disposons du *Livre des Morts*, et l'interprétation que nous en faisons semblent indiquer que les anciens Égyptiens considéraient l'être humain comme étant au centre du Cosmos. Une image certainement puisque l'infini n'a ni centre, ni orientation, ni périphérie. Cette dimension cosmique de l'initiation a été oubliée, de nos jours, par la Franc-Maçonnerie qui n'en retient plus que des bribes éparses.

On aura vu bien sûr le parallèle avec le rituel maçonnique. Mais, qu'il s'agisse des mystères d'Éleusis, des religions à caractère initiatique dans l'Orient antique ou de celles qui avaient cours à Rome, il existe un dénominateur commun à toutes les initiations : la marche périlleuse, l'obscurité, la mort rituelle, la résurrection.

En ce sens, on voit bien que les principes qui gouvernent le rituel de la Franc-Maçonnerie ne datent pas d'hier. Son histoire officielle pourra retenir telle ou telle date comme constitutive, il n'en reste pas moins qu'elle n'a pas dérogé aux principes essentiels d'un processus initiatique intemporel, et propre finalement à l'Humanité dans son ensemble. Certes, elle les a accommodés à sa sauce, en lui imprimant des touches originales, mais — c'est là où je voulais en venir — elle reste la seule institution — sauf à faire des interprétations sociologiques de tel ou tel phénomène — à être encore dotée structurellement d'un enseignement initiatique, dans un monde où les rites de passage, ou plus simplement la transmission de la connaissance, de l'expérience, des racines souffrent d'une crise grave.

Ce que véhicule la Maçonnerie, ce n'est pas un héritage folklorique en tablier et cordon, mais une longue ligne immémoriale qui survole l'histoire de l'Humanité.

On comprend mieux alors pourquoi j'affirme que la Franc-Maçonnerie de notre temps n'a pas le droit de perdre ce message essentiel qui a été le fondement de toutes les civilisations, à un moment de leur réalité collective, et grâce auquel elles ont pu parvenir à leur plénitude.

Paradoxe : pour qu'une institution initiatique subsiste et puisse délivrer le message indispensable qui est le sien, il lui faut rester secrète. Sans quoi il n'y a plus d'initiation, et donc plus d'institution initiatique. Un mouvement initiatique doit-il alors ignorer le temps et l'espace dans lesquels il évolue, se replier sur lui-même, refuser d'entrouvrir la porte de ses temples pour regarder vivre la société dans laquelle il se trouve ? Car enfin, le secret c'est l'essentiel du reproche de la Cité envers le temple. Et accessoirement la base de son fantasme.

Eh bien oui, je crois que la Franc-Maçonnerie doit épouser son siècle ! Bien que la tentation soit forte de vivre en cercle fermé, la Franc-Maçonnerie n'est pas un Ordre contemplatif. Ses membres ne sont pas des moines réguliers. Leur vie profane leur fait appréhender, jour après jour, ces problèmes de la Cité qui brûlent les potentialités des humains qui la composent. Le Franc-Maçon est écartelé entre la décomposition des valeurs de la Cité et l'idéal auquel logiquement il souscrit, dès lors qu'il a voulu se revêtir des marques distinctives d'une identité différente.

Toutes ces sociétés dont j'ai parlé se sont diluées dans la société qui les environnait. Le caractère intemporel de leurs sensibilités s'est exprimé à un moment de l'Histoire avant de se déliter dans le mouvement incessant des Hommes. Mais elles n'ont pas disparu. Elles se sont seulement estompées et leur enseignement a réapparu tôt ou tard, ici ou là, sous la forme d'une autre manifestation initiatique, née de la précédente. Ce qui n'est rien d'autre en somme que le cycle de la vie : ce qui meurt forme la base sur laquelle se nourrit ce qui naît.

Les sociétés initiatiques ont un tronc commun, les mêmes racines, profondément enfouies. Ce tronc se sépare en branches, en branchettes et en brindilles. Vient le jour où le cœur de l'arbre pourrit. Le tronc se fend, vacille et tombe. Les racines restent, elles fermentent pour former l'humus dans lequel de nouvelles graines vont germer, grandir, se séparer, puis pourrir à leur tour... et tout recommencera.

J'en ai fréquenté assez, en trente années, pour savoir que nombre de Maçons s'étonneront, s'offusqueront ou se moqueront même de la vision que j'offre ici de notre Ordre. Ils la jugeront exaltée, extravagante, voire hérétique pour les plus intransigeants d'entre eux.

Qu'ils ouvrent donc le débat !

Ou alors qu'ils se contentent des limites restreintes de leur conception étriquée de la tradition maçonnique, qu'ils gardent leurs thèmes bien circonscrits, leurs planches répétitives, désuètes, accablantes pour l'ancien à qui on les a serinées un nombre incalculable de fois et qui a fini par s'en lasser…

Chapitre 6

Du Vénérable à l'Iconoclaste

« Tous les espoirs sont permis à l'homme,
même celui de disparaître. »
Jean Rostand,
Pensées d'un biologiste

Quelle sera la place de la Franc-Maçonnerie dans les toutes premières décennies du XXIe *siècle lorsque, les remous apaisés, vont éclore de nouvelles structures pour un remodelage de nos sociétés à l'échelle planétaire ?*

J'étais Premier Surveillant dans ma Loge mère, lorsque ces questions furent soumises à l'étude des Loges, pour l'année maçonnique en cours, celle aussi où je devins Vénérable. Il s'agissait de réflexions prospectives portant sur les trente prochaines années. Vaste sujet ! Nous devions le rédiger en quelques lignes-forces, et éviter de passer la ligne au-delà de laquelle la philosophie devient politique pure. J'ai déjà brièvement évoqué cet épisode, je voudrais y revenir car il m'a profondément bouleversé.

Dans la vie profane, la recherche prospective était ma spécialité. J'étais impatient de connaître les opinions et les conclusions des Frères de l'Atelier, dont les activités extérieures constituaient une palette diversifiée, très éloignée de mes propres activités. Nous allions pouvoir comparer nos cheminements, peut-être réussir à faire disparaître nos préjugés, aboutir à un texte objectif, concret, élaboré en commission de travail et qui devait être soumis à l'ensemble de la Loge, au cours d'une Tenue solennelle.

Dans cette période où l'Ordre cherchait à se faire entendre du public, j'appréciais vivement que nous puissions enfin contribuer à transmettre à l'extérieur de nos Loges notre contribution à la réflexion générale. Nous nous mîmes ardemment au travail, avec la volonté d'inscrire les perspectives de notre Ordre dans les mutations en cours de la vie profane. Je voyais là l'occasion exceptionnelle d'édifier des propositions pour l'ensemble de l'Obédience. Avec en ligne de mire que la Franc-Maçonnerie soit invitée à épouser son siècle, à attraper la modernité par les cheveux, à être enfin enceinte de la Franc-Maçonnerie du XXIe siècle.

Nous avions constitué trois groupes de travail autour de trois questions. L'une d'entre elles était, autant que je me souvienne : *Quelles pourraient être les grandes évolutions économiques et sociales au début du XXIe siècle ?*

Nous nous mîmes rapidement d'accord sur un plan. Nous voulions, ni plus ni moins, envisager pour les grandes zones économiques mondiales leurs futures relations, les rapports de force qui allaient s'instaurer entre elles, les déploiements stratégiques qui en découleraient, leurs conséquences. Un plan qui s'avéra très vite trop ambitieux, mais nous persévérâmes, nous n'avions peur de rien.

Rétrospectivement, nous avons vécu là des moments intenses et privilégiés. Nous étions, oui, heureux. Mais même dans la ferveur, nous étions attachés à travailler en accord total avec les règles maçonniques d'écoute, de tolérance, gardant toujours l'honnêteté intellectuelle de nous accorder l'un à l'autre le droit à l'erreur. Sauf bien sûr lors de nos incursions dans les techniques rigoureuses : en mathématiques, avec la meilleure courtoisie du monde, « deux et deux » feront toujours « quatre ». Nous laissions à notre imagination, à notre créativité la bride sur le cou. Cela a peut-être été le moment de ma vie maçonnique où j'ai pu le mieux prendre conscience de son authenticité. Pas d'intérêts personnels dissimulés, ni d'intentions rampantes, juste le bonheur de construire ensemble.

Le texte du rapport final fut élaboré en Tenue solennelle. Il était riche d'idées et de suggestions. Nous savions que toutes les Loges de l'Obédience avaient participé à cette réflexion, il nous fallait être à la hauteur.

Lorsque le rapport général de synthèse, au niveau obédientiel, nous fut communiqué, il nous parut en revanche terne, gris, succinct… Rien à voir avec nos élans ! C'était une énumération de formules évanescentes, apparemment sans liens les unes avec les autres. Et surtout, nous ne sûmes jamais à quel résultat concret aboutit notre longue, patiente et enthousiaste recherche.

Cette déconvenue cuisante ne prit même pas la dimension d'un incident. La page était refermée, et voilà tout. Certaines Loges reprirent leurs travaux ordinaires en ronronnant, d'autres se consacrèrent à un thème plus spécifique qu'elles avaient déjà retenu et qui risquait fort, vraisemblablement, de ne pas dépasser la porte de leurs Temples.

Cette profonde déception entama durablement mon ardeur. Même si ma candeur d'origine avait déjà subi quelques coups, cet épisode l'avait requinquée, et voilà ce qu'on faisait de nos enthousiasmes : rien !

Je décidai, dans une forme de défi et sans en parler à mes Frères, de poursuivre seul ce travail. Ce faisant, je trahissais le consensus maçonnique et je prenais le risque d'aboutir à des conclusions profanes à peine teintées de réminiscences maçonniques.

Je reviendrai plus bas sur cette prospective que j'ai prolongée plus ou moins seul.

J'ai bien tenté de convaincre les Frères de mon Atelier de l'iniquité de ce délitement de notre travail. Je n'avais aucune volonté présomptueuse ni ne prétendais être le détenteur de la Vérité en ce domaine. Mais, si le sujet fut évoqué, il fut aussi hâtivement clos. Il n'y eut aucun débat. On prit acte de mon initiative, sans plus.

*

* *

Il existe une Justice maçonnique. Instaurée par les Constitutions et Règlements généraux qui régissent l'Organisation et le fonctionnement d'une Obédience, elle sanctionne les délits commis par des Francs-

Maçons pour leurs manquements aux obligations vis-à-vis de l'Ordre, la violation de serments ou toute action de la vie maçonnique — mais aussi profane — contraire à la loyauté, à la probité et à l'honneur. Les textes sont suffisamment vagues pour que toutes les interprétations soient envisageables.

L'existence de ces « tribunaux » internes choquera sans doute le Profane et mérite donc une explication.

Cette Justice maçonnique ne se substitue pas, bien évidemment, à la Justice d'État, mais elle prévoit néanmoins plusieurs niveaux qui vont de la tentative de conciliation jusqu'au renvoi du litige devant une instance supérieure. Ces « tribunaux » d'Obédiences sont composés de Frères élus. Il n'y a pas de cour d'appel à proprement parler, mais les voies de recours existent, même s'ils ne sont pas toujours suspensifs d'une décision adoptée en « première instance ». Les sanctions s'échelonnent entre avertissement, blâme, inéligibilité temporaire, suspension et… radiation.

Une discipline souple et concertée est nécessaire dans une institution qui se réclame des principes démocratiques. Je ne connais pas d'organisation de type associatif, qu'elle soit politique, humanitaire ou quoi que ce soit d'autre, dans laquelle régnerait une harmonie si idéale qu'elle n'ait pas recours, au moins, à un règlement. Et donc forcément à des sanctions. Néanmoins, ceux qui rédigèrent les textes de la Justice maçonnique s'inspirèrent un peu trop largement des dispositions d'ensemble de la Justice profane. Ce pour régler des conflits qui ne procèdent pas, à mon avis, d'un même état d'esprit.

Le rôle du procureur de la République est ici tenu par l'Orateur. Il est le gardien de la loi, mais il n'est ni le vengeur de présumés victimes, ni l'inquisiteur crispé d'un coupable désigné. Quant aux Frères choisis comme Jury, ils ne doivent jamais oublier qu'ils sont d'abord les Frères à la fois de l'un et de l'autre. Cela ne veut pas dire qu'ils doivent être compréhensifs jusqu'au laxisme, même si le « prévenu » bénéficie, ici plus encore qu'ailleurs, de la présomption d'innocence. Il n'en reste pas moins que le Franc-Maçon en butte à cette Justice intérieure, lorsqu'il a épuisé les moyens de conciliation, est aussitôt empêtré dans des formalités qui renient les principes fondateurs de l'Ordre.

Personne n'a l'apanage de l'équité, ni la Justice maçonnique, ni la Justice profane. Dans l'ensemble, en dehors des cas si flagrants et si choquants qu'alors même la presse les connaît, la Franc-Maçonnerie sait néanmoins se montrer globalement fraternelle dans ses jugements.

*

* *

Combien de fois ai-je été ulcéré de voir mes Frères de Loge, résignés sur leurs Colonnes, acceptant sans mot dire des décisions iniques venues des sommets, rendre compte docilement de l'activité de l'Atelier à un Inspecteur envoyé par les Instances suprêmes, sans qu'aucune réaction n'ose troubler le silence respectueux ?

Et où étais-je, moi qui fustige aujourd'hui ?

Je n'ai émis de réserves qu'une seule fois. Elles frisèrent — je le reconnais —, une virulence peu de mise en Tenue solennelle.

Cela ne s'est pas passé dans ma Loge mère, mais dans une autre, en province : le Grand Maître était venu ce jour-là en visiteur. Le Sérénissime, puisque c'est le superlatif qui s'attache à son titre, fit dans le cours de son intervention une remarque outrageusement narcissique. Il n'était pas exactement le seul et unique détenteur de la Vérité, mais tout comme.

Quand il eut terminé, je demandai la parole, le Premier Surveillant la demanda pour moi au Vénérable, qui, sur un coup de menton d'approbation du Sérénissime, l'accorda pour moi au Surveillant, qui me la donna, enfin ! J'aurais dû mettre à profit ce délai pour me calmer et trouver quelque question anodine, mais sa rodomontade avait eu une telle ampleur que je lâchai mon pavé dans la mare :

— Il me semble, Sérénissime Grand Maître, que plus que tout autre vous avez le devoir de vous considérer comme un Frère parmi les Frères, avec un peu plus d'humilité. Il m'est pénible, croyez-le bien, d'avoir à vous rappeler que, comme le symbolise l'emblème de notre Ordre, nous sommes tous d'éternels Apprentis.

Le Vénérable manqua s'étouffer devant tant d'impertinence. Le Surveillant me regardait avec des yeux ronds, honteux que son intercession ait permis une telle catastrophe. On remuait dans les Colonnes, soudain mal à l'aise sur ces chaises trop dures. Il n'y eut finalement que la principale cible de cette sortie à rester de marbre. Imperturbablement, le Sérénissime demanda la parole et l'obtint. Dans le silence épais qui précède les tornades, il commença :

— Mon Frère… Ta remarque est parfaitement justifiée…

Il marqua un temps, la Loge entière suspendue à ses lèvres.

— Et votre intervention, même véhémente, peut être considérée comme légitime. Elle ne peut venir que d'un authentique Maçon. Poursuivez, Vénérable Maître…

— Euh, oui… Sérénissime… Frère Orateur, quel est le point suivant à notre ordre du jour ?

Les points s'égrenèrent les uns après les autres et la Tenue suivit son cours, non sans que le Sérénissime me glisse furtivement un ou deux regards sans aménité. Je pris ma place dans la Chaîne d'Union et la cérémonie prit fin.

Sur le parvis, deux Frères vinrent approuver discrètement ma saillie et m'assurèrent de leur soutien. Quant aux autres, ils m'ignorèrent avec superbe, voulant me laisser entendre par là que j'avais commis un véritable crime de lèse-majesté. Ils n'oubliaient qu'une chose : un Grand Maître, fût-il affublé de tous les superlatifs de la langue, n'est pas un gourou, ni quiconque que l'on devrait vénérer dans la crainte révérencieuse, ou la servile flagornerie.

Il est peu vraisemblable, et même impossible, que ma sortie ait pu modifier quoi que ce soit dans la hiérarchie de l'Ordre, confite dans ses habitudes. Toutefois j'ai eu, peu de temps après, et dans le même Atelier, le plaisir d'entendre l'Inspecteur de Loge, venu installer le Collège des Officiers, soutenir que *les Instances supérieures de l'Obédience étaient au service des Loges et non l'inverse.*

Ah ! Dont acte… La Franc-Maçonnerie revenait à ses sources, au moins le temps d'une déclaration.

*

*   *

Les Obédiences qui se reconnaissent entre elles veillent pourtant à se singulariser par des variantes dans les rituels d'initiation. Je suivis tout de même ce sinueux itinéraire qui me mena du 4e au 12e degré, puis enfin au 18e.

À l'un de ces degrés, j'appris avec stupéfaction que la Loge qui m'accueillait possédait pour la fameuse « Quadrature du cercle » plusieurs tracés, dont les premières configurations apparaissaient déjà dans des manuscrits maçonniques de la fin du XVIIIe siècle — 1760 à peu près. Il faut savoir que cette image populaire, fréquemment utilisée dans le langage courant pour figurer l'impossibilité, est aussi un très ancien problème mathématique à propos duquel l'Académie des sciences se refuse d'ailleurs à toute communication. Inutile d'entrer dans les détails mathématiques de l'énoncé du problème, j'en serais bien incapable, mais voilà une anecdote pour montrer que la Franc-Maçonnerie, elle aussi, a sa Pierre philosophale.

Le Suprême Conseil de France est une instance qui groupe tous les Ateliers à partir du 4e degré. Lorsque j'y fus admis, je constatais, au cours des rituels, la réduction progressive de la matérialisation symbolique. Les Frères chargés de l'élaboration de ces rituels avaient pensé, en toute logique, que l'initiation à ces niveaux ne nécessitait plus, physiquement, l'emploi systématique des objets symboliques.

Cet abandon progressif des outils avait — je pense —, un effet pervers. Sous le fallacieux prétexte d'une conceptualisation censée améliorer la recherche intérieure, on aboutissait à un délire verbal complètement ésotérique, si hermétique que bientôt la plupart des Frères y assistaient davantage en spectateurs qu'en acteurs. Quelques-uns maîtrisaient leur jargon, les autres faisaient semblant de suivre.

À vrai dire, je gravissais ces degrés sans beaucoup m'intéresser aux savantes exégèses réalisées par mes Frères dans ces différentes Loges. Leurs subtilités de sophistes ne me semblaient pas pouvoir apporter quoi que ce soit à ma compréhension du concept maçonnique tel qu'il m'animait.

C'est donc un peu distraitement que j'assistais à des planches, certainement fort bien élaborées, dans lesquelles des Frères s'acharnaient à parcourir les sentiers abscons de la connaissance hermétique. J'avais fini par croire que ces querelles, ces joutes oratoires, ces ergotages sur les infimes différences de tel ou tel concept philosophique n'étaient que prétextes à remplir un ordre du jour désespérément vide.

Ma déception était d'autant plus grande que tout cela avait fini par m'amener, subtilement, au seuil de calculs intéressés et de combinaisons relationnelles qui n'avaient rien à envier aux meilleures circonvolutions de la politique électoraliste.

Dans ces conditions, l'authentique identité maçonnique perd toute consistance. D'ailleurs, nombre de Maîtres pressentis pour des initiations aux degrés supérieurs en arrivaient à les refuser, préférant de loin les Loges bleues et la compagnie des Apprentis et des Compagnons, moins nébuleuse et plus proche du réel.

Et il est évident que, lorsque ces Loges bleues ont su maintenir leur conscience et leur nature de petites collectivités, la Fraternité s'y exprime mieux que nulle part ailleurs. Une Fraternité quasi familiale, et une véritable solidarité. Ce sont ces Loges bleues qui sont la représentation concrète de l'esprit maçonnique. Elles ne sont pas exemptes, bien sûr, de querelles intestines et des rivalités de chapelles, mais le carriérisme y est beaucoup plus facile à repérer et à endiguer.

Dès les premiers degrés des Loges de perfection, ils sont légion ceux qui confondent cursus professionnel avec parcours initiatique. Dans le jargon maçonnique de parvis, on dit qu'ils sont atteints de « cordonnite », le port de cordons étant la marque de l'appartenance à un degré.

Ces « cordonnitiques » causent un tort considérable à la Franc-Maçonnerie. Considérant que l'institution leur sert de tremplin pour leur carrière professionnelle, ils n'hésitent pas à mêler activités profanes lucratives et idéal maçonnique.

Et bien sûr, découverts et reconnus pour maçons, la presse en fait ses choux gras et accrédite le sentiment public que cette Franc-Maçonnerie est bien « ce repaire occulte d'intrigants influents ».

Le phénomène, érigé au rang de système dans certaines Loges, bénéficie qui plus est d'une assise internationale, la Franc-Maçonnerie étant présente dans de nombreux pays, pour ne pas dire tous. De là à ce que ses détracteurs concluent au complot planétaire, il n'y a qu'un tout petit pas. J'ai déjà évoqué les collusions entre l'univers maçonnique et le monde politique qui, elles aussi et elles surtout, confortent trop bien les critiques médiatiques contre l'institution.

Et c'est assis sur les Colonnes que je laissais ces Frères, plus ou moins avides d'honneurs et de titres, se partager les fonctions d'Officiers de Loge. J'assistais impuissant à ces combats de chefs, en m'efforçant de ne pas voir cette intrusion sournoise du Profane dans l'enceinte que je voulais encore sacralisée. L'essence maçonnique ne subsistait que par la volonté et la présence de quelques Frères, qui s'agrippaient à la tradition de l'Ordre, comme des archéologues qui s'efforceraient de ressusciter Ramsès II en fouillant les ruines de Thèbes !

*

*   *

Je faisais un jour reproche au responsable éditorial d'une importante revue hebdomadaire de publier en couverture, sur fond de pseudo-décors maçonniques, des titres accrocheurs, laissant entendre que l'article dévoilait enfin *les secrets des Francs-Maçons*. Il me rétorqua sèchement :

— Mais ce machin, ça nous double presque le tirage !

Jolie fumisterie !

Malgré les nombreux coups de patte que j'ai donnés aux journalistes au long de ces lignes, qu'on me comprenne bien : je n'ai nullement la tentation de vouloir brider la sacro-sainte liberté de la presse.

Toutefois, sous couvert de liberté, on ne doit pas faire n'importe quoi. Plus la liberté est grande, plus la responsabilité des individus est engagée. On ne peut que regretter que le code de déontologie de la presse soit régulièrement foulé aux pieds, sur le sujet de la Franc-Maçonnerie — je l'ai assez dit — mais aussi sur bien d'autres. Il est évident qu'aujourd'hui, dans de nombreux organes, l'information est surtout animée par des soucis mercantiles.

Chacun aura un jour ou l'autre acheté tel journal ou telle revue titrant sur un sujet qu'il connaît bien. Il aura alors constaté combien l'article est bourré d'« âneries », d'approximations et de contrevérités. Comment croire alors que sur un autre sujet, que l'on ne connaît pas, on sera réellement informé ? Et pour certains « marronniers »[1], le petit monde des plumitifs mercantis sait bien quels bénéfices il peut espérer en jetant en pâture à la curiosité morbide du public la calomnie, l'exagération, la conclusion hâtive et le raccourci éhonté, sans être trop scrupuleux sur la qualité de textes souvent bourrés d'erreurs.

À l'égard de la presse, les Obédiences se préservent de toutes interventions ou démentis, renonçant à s'engager dans des polémiques marquées, dès le départ, par un quiproquo savamment entretenu. Faire publier des « Droits de réponse » reviendrait à alimenter les braises.

Cela n'empêche pas l'Ordre de s'exprimer par ailleurs, et j'ai souhaité pendant plusieurs années que l'Obédience dont je faisais partie s'extériorise. Pas n'importe comment et en prenant soin de s'adapter au contexte de la société à laquelle on s'adresse.

Aux États-Unis, par exemple, j'ai vu avec stupeur, dans l'une des principales avenues de Philadelphie, un défilé de Francs-Maçons ! En grand appareil, revêtus de leurs emblèmes, précédés par la bannière de leurs Loges, ils marchaient en rang dans ce lieu

1. C'est-à-dire ces sujets qui reviennent régulièrement à la une des gazettes : les régimes, les salaires des patrons et… la Franc-Maçonnerie.

bondé sous l'œil indifférent des badauds accoutumés au spectacle. Il ne s'agit pas de juger : autres lieux, autres mœurs, mais je n'ose imaginer ce que cette même scène donnerait dans l'une de nos bonnes villes françaises !

Impossible d'aller jusque là, et surtout inutile dans nos sociétés. Je pensais plutôt à des conférences publiques d'information, par exemple. J'étais moi-même venu à la Maçonnerie — on s'en souvient —, par l'une de ces conférences. Le but n'étant pas, bien évidemment, de faire du recrutement, mais d'ouvrir un dialogue avec les Profanes. Une tentative a été faite dans ce sens, puis le projet a été abandonné… Je le regrette car les débats qui eurent lieu lors de cette unique conférence publique envoyèrent nombre d'idées reçues aux oubliettes, en toute sérénité, sans qu'il y eût le moindre incident de séance. On n'a jamais su, au juste, quelles étaient les retombées concrètes auprès des auditeurs.

*

* *

Les repas mondains — on l'aura compris au long de ce récit —, sont un lieu privilégié de la Maçonnerie de salon.

Je me souviens avoir assisté à un repas de Frères, dans un lieu que j'appellerai « néo-maçonnique » — tant pis pour le barbarisme. Dès mon entrée, je me suis demandé ce que je faisais là et pourquoi un ancien Vénérable de ma Loge m'avait incité à venir participer à ce dîner. Dans un décor somptueux, on nous servit dans de la vaisselle fine des mets délicats.

On était bien loin de la frugalité fraternelle des agapes après une Tenue solennelle.

Ici, la rosette fleurissait. Les convives portaient chic des complets sur mesure aux boutonnières encombrées de distinctions, certaines même si lourdes qu'elles déformaient les coupes élégantes. Assis en face de l'un de ces étonnants personnages, je me demandais comment il pouvait conserver les épaules droites tant il aurait dû ployer sous le poids de ses décorations. À coup sûr, la scoliose le guettait.

Je me suis toujours dit que la vraie grandeur est modeste, et je l'ai d'ailleurs constaté à de nombreuses reprises. L'exhibition des mérites, réels ou supposés, ne fait que les ternir.

— Mon Frère ! me lança mon rutilant vis-à-vis.

J'eus un sursaut, surpris dans le fil de mes pensées.

— Euh… Oui.

— Que fais-tu ?

Que faisais-je ? Eh bien, ma foi, j'étais comme lui, assis à cette table attendant la suite. Je me sentais bien un peu isolé parmi tous ces gens qui semblaient se connaître, se hélaient par leurs prénoms, parlaient haut et fort de conseil d'administration et de safari, de cotations boursières et de golf en se tapant dans le dos… Devant mon hésitation silencieuse, mon interlocuteur crut bon de préciser sa question :

— Qu'est-ce que tu fais… dans la vie ?

Ah ça ! La question me parut un peu incongrue, à la limite de l'indiscrétion. J'y répondis néanmoins :

— Je travaille dans un grand centre de recherche.

Sa lippe fit une moue approbatrice. Je compris qu'il était rassuré : je faisais bien partie du même monde que le sien. Il se livra ensuite à un véritable interrogatoire auquel je me gardais bien de répondre précisément. Déçu, il abandonna vite le taciturne convive que j'étais et se mêla aussitôt à une conversation vive que tenaient mes voisins, à propos de sujets que la Franc-Maçonnerie se doit, à mon sens, d'ignorer. Je ne me souviens plus, honnêtement, de ce dont il s'agissait. Mais je sais que j'en rejetais chaque mot, chaque phrase et chaque idée.

J'avais le sentiment violent et douloureux que défilait sous mes yeux tout ce qu'en Franc-Maçonnerie les inquisiteurs haineux dénoncent : la collusion discrète dans un salon doré, les convergences d'intérêts entre hommes se voulant au-dessus des autres, les puissants qui se tiennent les coudes avec toute la morgue de leur position sociale. Et tous ces gens étaient mes « Frères ».

Je terminai mon repas et, dès que je pus m'éclipser sans manquer à la politesse, je quittai cet odieux dîner. Je me souviens que la nuit était douce sur les grandes avenues éclairées de la capitale. Je rentrai à pied en ressassant ma tristesse devant le sinistre spectacle auquel je venais d'assister bien malgré moi.

Si cette fois-là était presque caricaturale, ce n'était malheureusement pas la première. J'en ai vu d'autres, de ces dîners « fraternels », même si je les fuyais autant que je pouvais.

Non, non et non ! La Franc-Maçonnerie, ce n'est pas *que* cela, mais il aurait été intellectuellement malhonnête de ne pas dire que c'est *aussi* cela… Et ces fruits-là risquent en effet de gâter le cageot, peut-être même le verger.

La Franc-Maçonnerie, c'est *surtout* la sérénité que dans ma Loge mère, ma Loge d'origine, j'allais retrouver régulièrement comme le refuge d'une pensée apaisée. Malgré quelques hoquets, la petite assemblée, d'une quarantaine de membres, respirait à pleins poumons la Fraternité et la solidarité. La Chaîne d'Union y était solide, les agapes simples et chaleureuses. Nous avions chaque année des Tenues opératives — joli nom hérité des Tenues de compagnonnage —, pendant lesquelles chaque Frère, quelle que soit la fonction qu'il occupe au sein de la Loge, participe aux travaux de ménage et d'entretien du Temple. Dans cette Loge presque familiale, unie, je peux vous garantir qu'Apprentis, Compagnons et Maîtres étaient heureux.

Ce n'est pas parce que vous avez rencontré une Française blonde à Calais que toutes les Françaises sont blondes, vous me l'accorderez. Eh bien, ce n'est pas parce que quelques Francs-Maçons ont oublié, si tant est qu'ils les aient jamais connus, les principes fondamentaux qui ont fait notre Ordre, qu'il faut en conclure que la Franc-Maçonnerie est un repère d'affairistes.

*

*   *

Car enfin — disons les choses clairement —, il y a trois sortes de Francs-Maçons :

— Les premiers sont déjà dans une telle tradition familiale que, tout naturellement, ils sollicitent leur entrée dans l'institution. On est aussi franc-maçon comme on est notaire, de père en fils, sans plus d'enthousiasme.

Attention ! Cela ne fait pas pour autant de mauvais notaires, non plus que de piètres Maçons. Certains de ces héritiers de l'équerre et du compas s'insèrent à ce point dans la conscience maçonnique qu'elle finit par se confondre avec leur identité. J'en ai connu beaucoup qui ne faisaient pas qu'arborer les tabliers de leurs ascendants comme le signe d'une certaine forme de noblesse, mais qui le faisaient avec fierté, conscients de devoir les porter plus haut encore.

— La motivation des deuxièmes est un prolongement naturel de leurs relations hors du Temple. Tel ami cher, venu à la Maçonnerie par l'un ou l'autre biais, les a convaincus que c'était tout de même un peu plus profond que le « Club des joyeux bridgeurs ». S'ils participent aux travaux des Loges, c'est avec l'entrain du devoir à rendre et ils n'interviennent pas, ou rarement. Oh, ils respectent scrupuleusement les rituels ! Et s'ils vivent leur existence maçonnique sans grande remise en cause, ils le font sans défaillance.

— Les derniers, heureusement minoritaires, se sentent piqués par la compétition, hors ou entre les murs du Temple. Ils viennent de tous les horizons, uniquement motivés par leurs ambitions, et ne se ressemblent que par cette illusion qui leur fait croire que grades et cordons serviront leur ascension sociale. Et peu leur importent les principes de l'Ordre qui les a accueillis.

*

* *

Comme tous Francs-Maçons initiés au cours de la seconde moitié du XXe siècle, j'ai pris l'institution en marche au moment où les bouleversements sociaux et économiques tiraient sur les ambulances des sociétés conservatrices moribondes. Comme chaque grand conflit, la Seconde Guerre mondiale avait sonné le tocsin de quelques modes de vie, pour ne pas utiliser abusivement le terme de « civilisation ».

J'ai donc été, comme beaucoup de mes Frères, le témoin impuissant de l'inadéquation entre le conservatisme des Obédiences et l'évolution galopante des mœurs. La Franc-Maçonnerie n'a pas été la seule à naviguer à vue pendant cette période. Beaucoup de mouvements spirituels, la plupart des religions traditionnelles ne sont pas parvenus à intégrer les mutations de la société.

La problématique maçonnique a été aussi à la frontière, sans cesse mouvante, entre le sacré et le temporel.

Pendant la décennie 1970-1980, les sociétés industrialisées avaient suffisamment de réserves pour encaisser le coup de semonce de la première crise pétrolière. Personne ne voulait entendre le mot *récession*, proscrit du vocabulaire. Le progrès scientifique avait encore gardé quelques relations avec la mutation des idées.

Lorsque survint la lourde déception du second choc pétrolier, avec ses tombereaux de chômeurs, et que les intellectuels — notamment — découvrirent douloureusement que le bonheur aseptisé des Trente Glorieuses n'avait pas évacué toutes les angoisses de l'homme de la rue, que le confort matériel pouvait tuer l'art de vivre, les demandes d'adhésion à la Franc-Maçonnerie se trouvèrent soudain en progression constante. Le mal-être de ces nouveaux « cadres performants » était dès lors patent, embourbés qu'ils étaient dans un système économique ne tenant pas les promesses qu'on leur avait faites.

Loin encore de cette analyse, plus facile rétrospectivement, j'étais stupéfait de voir tous ces jeunes sortis de grandes écoles chercher dans les Loges un horizon d'espérance. Beaucoup de ces nouveaux Initiés vivaient dans l'euphorie à court terme d'une consommation de masse. Les autres, ceux qui tentaient de réfléchir, entamaient un processus de rejet total du système dominant et de ses corollaires : productivité, loisirs organisés, niveau de vie, matraquages publicitaires.

L'échec d'un modernisme omniprésent mais incapable de satisfaire les aspirations spirituelles de toute une génération aurait pu faire croire que le conservatisme avait vu juste.

Mais cet afflux ne faisait qu'apporter un peu d'oxygène dans une salle de réanimation : la crise de la Franc-Maçonnerie continuait. Ce fut pour moi une période étrange, je me faisais l'effet d'un entomologiste observant une colonie de fourmis, avec ses crises, ses soubresauts qui ne l'empêchaient pas de poursuivre cahin-caha son existence.

À cette époque, j'avais découvert une science balbutiante, née d'épousailles improbables, la bio-sociologie, dont les spécialistes furent baptisés d'un néologisme barbare : les physiocrates.

À la différence de la sociologie classique, qui étudie les structures sociales et leurs interactions à un moment donné, la bio-sociologie s'intéresse aux analogies entre les mouvements des communautés humaines et les évolutions des organismes vivants. Ces comparaisons apportent à la sociologie traditionnelle de très riches enseignements.

Je n'étais qu'un béotien de cette spécialité à peine née, et je dus me débarrasser de mes oripeaux de Maçon, mais je compris mieux comment la Franc-Maçonnerie participait, elle aussi, à ce grand cycle planétaire, saisissant au passage les opportunités qui la servaient.

Les idées sont solubles dans l'usage qu'on en fait. Jésus de Nazareth et Karl Marx vous le confirmeront... Comme ces deux illustres figures, les initiateurs de la Franc-Maçonnerie n'ont pu éviter la dégénérescence de la pensée originelle. Mais une période de crise est salutaire à la fois par la floraison d'idées qu'elle suscite, et les ruines qu'elle laisse derrière elle.

Au cours de ces années 1980, j'avais le sentiment que l'Ordre se voilait la face et s'obstinait à éviter toute réflexion sur les transformations profondes des idées et des mœurs, vagues qui se brisaient sur les murs des Temples comme sur des falaises. On sait que, dans ces cas-là, c'est toujours la falaise qui s'érode.

Le Grand Orient de France, reconnu par la majorité des Obédiences, mais hérétique par définition puisque rejeté par les Obédiences anglo-saxonnes, se lança dans un vaste programme d'extériorisation pour véhiculer les idées maçonniques vers le monde profane. J'ai personnellement souscrit à l'opération, dans l'espoir que ces conceptions maçonniques pourraient apporter aux débats contemporains une ouverture vers la tolérance, la sérénité dont il avait grand besoin. En revanche, j'étais fermement opposé à la présence de Maçons dans les organisations politiques. Le militantisme restait pour moi une forme d'aveuglement partisan, et donc contradictoire avec les principes maçonniques.

En dehors de quelques « génies » — une notion bien élastique — qui parviennent à projeter leurs idées longuement mûries sur la vie de la Cité, on prétend que l'homme de réflexion est rarement un homme d'action.

Un Frère historien nous avait entretenus de l'histoire des courants philosophiques, situant notre réflexion au-delà de la seule chronologie événementielle de l'Histoire. Nous avions donc mieux saisi les balbutiements hésitants des premiers grands penseurs de la Franc-Maçonnerie moderne. L'homme en quête de connaissances que je m'efforçais d'être — encore aujourd'hui, je l'espère — était passionné d'Histoire. Avec quelques Frères piqués par le même virus, nous trouvions souvent refuge dans les bibliothèques des Obédiences où, sans même remonter bien loin, nous découvrions une masse d'éléments, dans les sources maçonniques, d'une richesse incroyable, et propres à éclairer notre réflexion sur la modernité que nous espérions pour l'Ordre. Des éléments édifiants, surprenants aussi. Au point que ce travail studieux fut souvent ponctué par des sursauts d'étonnement et des éclats de rire difficilement contenus.

Ainsi, dans les Constitutions de 1723 considérées comme le document constitutif — comme son nom l'indique — de la Franc-Maçonnerie actuelle, le paragraphe qui suit, sous la plume de James Anderson, ministre de l'Église presbytérienne :

Ceux qui sont admis à être Membres d'une Loge doivent être des gens de bonne réputation, pleins d'honneur et de droiture, nés libres et d'un âge mûr et discret. Ils ne doivent être ni esclaves, ni femmes, ni des hommes qui vivent sans morale ou d'une manière scandaleuse.

Au passage, notons que les femmes ne peuvent être *pleines d'honneur et de droiture...*

Plus étonnant encore, dans un ouvrage d'Oswald Wirth rédigé en 1931, et réédité en 1962 à l'attention des nouveaux Initiés :

En vous initiant à ses mystères, la Franc-Maçonnerie vous convie à devenir des hommes d'élite, des sages ou des penseurs, élevés au-dessus de la masse des êtres qui ne pensent pas.

Porte ouverte à toutes les compromissions de salon dont j'ai ardemment attaqué les diverses manifestations. La désapprobation profonde que je n'ai jamais manqué de ressentir à la lecture de ce passage d'Oswald Wirth était toutefois tempérée par sa définition de l'initiation, qui résume en une formule lapidaire le trajet d'un Candidat :

La vocation initiatique se rencontre parmi ces vagabonds spirituels qui errent dans la nuit, après avoir déserté leur école ou leur église, faute d'y trouver leur Vraie Lumière.

Autre Frère célèbre, Charles-Maurice de Talleyrand-Périgord dit « Talleyrand » avait une devise que l'institution semble avoir faite sienne :

Le meilleur moyen de renverser un Gouvernement, c'est d'en faire partie !

Il n'a pas manqué d'ailleurs de mettre cette devise en pratique : il sera pratiquement de tous les gouvernements depuis les États Généraux de 1789 jusqu'à sa fin comme ambassadeur en 1835, traversant allégrement la Constituante, la Convention, le Directoire, le Bonapartisme, l'Empire et la Restauration — excusez du peu !

*
* *

Pour faire pendant à l'opportunisme éclairé de Talleyrand, voici une image de modestie.

Le jardin zen, l'une des subtilités raffinées de la symbolique shintoïste, a une spécificité bien particulière. Où que vous soyez, en parcourant le jardin, vous ne pourrez jamais apercevoir toutes les pierres qui y sont disposées.

Sur le sol de la Loge, il y a une mosaïque de dalles, alternativement noires et blanches, comme un échiquier. L'alternance de l'obscurité et de la lumière. De quelque point de la Loge où il se trouve, le Maçon ne pourra jamais embrasser du regard toutes les dalles.

Dans l'un et l'autre cas, le message est limpide : qui que vous soyez, vous n'aurez jamais la vision totale de la Vérité ; vous ne pourrez en avoir qu'une connaissance parcellaire, tronquée par la position que vous avez choisi d'adopter, mutilée par vos passions ou votre ignorance.

Quand je n'étais qu'un Apprenti, je voyais quelquefois les vieux Maîtres, qui avaient derrière eux vingt ou trente ans de Loge, s'asseoir pour considérer ces dalles. Sans doute pour méditer sur celles qu'ils ne distinguaient pas. Le symptôme dont je vais parler leur était connu, je n'en doute pas.

Un soir de Tenue solennelle, vieux Maître à mon tour, je me suis senti las. Près de moi, bien droits sur leurs chaises, les Apprentis avaient toute l'ardeur de leur jeunesse. En m'ébrouant pour ne pas me laisser gagner par la nostalgie, je me suis surpris à repenser à ces années accomplies depuis le jour où un Vénérable Maître m'avait dit :

— Désormais, tu seras reconnu comme Franc-Maçon.

Pensant à cela, j'entendais les Officiers de la Loge procéder rituellement aux dialogues d'ouverture des travaux. J'accomplissais les gestes du rite, m'associais aux acclamations précisément à l'instant où elles étaient prescrites, dans une pièce que j'avais jouée tant de fois. Mais j'agissais mécaniquement. Je n'adhérais pas pleinement. Je n'étais tout simplement pas là. Je pris soudain conscience, au moment de la Chaîne d'Union, que mon absence fugitive allait peut-être susciter une faille, une rupture dans l'égrégore. Je tentai de me ressaisir et de faire bonne figure, mais ce qui m'avait traversé l'esprit n'allait plus me lâcher.

Entre mon entrée en Maçonnerie et ce jour, presque trente années s'étaient écoulées. Je venais de comprendre avec douleur que je n'avais plus l'élan merveilleux vers cette quête du renouveau. Que s'était-il passé ?

J'étais franc-maçon et voulais le demeurer. Mon désir était intact mais je marchais sur la cendrée de la piste, pendant que les autres couraient, chacun vers leur arrivée.

Il n'y avait plus d'arrivée pour moi. Y en avait-il jamais eu ?

Chaque but enfin atteint ne faisait que découvrir le suivant. J'éprouvais une grande lassitude devant les obstacles de cette course sans fin.

Après la Tenue, le Vénérable vint vers moi et s'inquiéta :

— Tu n'as pas l'air bien, puis-je faire quelque chose pour toi ?

J'éludai la question. Mais le Vénérable était un ancien, lui aussi Frère de la vieille école, et il me connaissait bien. Il insista. Nous convînmes de nous revoir quelque temps après.

L'entretien n'eut jamais lieu. Les contingences de sa vie profane l'avaient accaparé pendant le bref délai que nous nous étions fixé. Ma propre situation dans la Cité changeait. J'ai donc quitté cette ville pour une autre, sans que nous ayons pu nous rencontrer.

En changeant d'Obédience, passant du Grand Orient de France à la Grande Loge de France, j'allais découvrir toutes ces minuscules différences qui faisaient pourtant l'essentiel des rivalités entre deux grandes Obédiences. De légères variantes de rituels, qui passaient par d'infimes détails et de menues modifications du texte des invocations, débouchaient sur des querelles de sémantique et finalement le refus obstiné de reconnaître des équivalences de degrés ou de grades. L'inanité de ces débats me les rendait insupportables.

Je n'en décidai pas moins de poursuivre ma vie maçonnique dans la Loge de ma nouvelle ville de résidence. J'y fus accueilli, dans un premier temps, comme Frère Visiteur. Il me fallait attendre d'être rayé du tableau — des registres en somme — du précédent Atelier, pour proposer mon admission en qualité de membre actif, à part entière, de la Loge.

Pour comprendre la démarche, il faut savoir que chaque Loge est certes fédérée dans une Obédience, mais qu'elle est, théoriquement, considérée comme indépendante — d'où la formule : *Un Maçon libre dans une Loge libre*. Dans ces conditions, quand un Frère change de Logc, quels qu'en soient les motifs, la Loge d'accueil est souveraine : elle peut l'accepter… ou non !

Il n'y a théoriquement pas de hiérarchie à proprement parler, mais une cohésion nécessaire. Il faut bien l'organiser d'une manière ou d'une autre et, au moins au niveau des Loges bleues, on tente d'être souple et pas trop directif. Il s'est donc élaboré une forme d'organisation administrative.

Et il en va de la Franc-Maçonnerie comme de tout organisme qui, s'institutionnalisant au fil du temps, finit par s'enliser dans un magma procédurier qui l'étouffe. Elle n'échappe pas plus que d'autres institutions à « l'administratite », une affection endémique trop connue. Elle englue certaines Loges, jusqu'à la dépendance totale vis-à-vis des Obédiences, dans les arcanes de formalités aussi inutiles que perverses, atténuant, voire détruisant cette spontanéité essentielle à la construction du parcours maçonnique.

Que l'on ne se méprenne pas, ce triste constat n'est nullement inspiré par je ne sais quelle amertume. C'est le diagnostic d'une pathologie que les Maçons ont le devoir de soigner.

Je ne jette pas le bébé avec l'eau du bain. Ce n'est pas parce que la Franc-Maçonnerie contemporaine n'a pas su s'adapter à la modernité dans laquelle elle spécule, à défaut d'opérer, qu'il nous faut réfuter l'ensemble de la sensibilité qu'elle représente.

Toutefois, je me suis toujours élevé, avec d'autres Frères, contre la marée paperassière que génèrent les formulaires, les références alambiquées, les déclarations répétitives, les dossiers égarés qui agacent tout le monde.

Alors que je m'étais efforcé de respecter une distinction formelle entre ma vie maçonnique et ma vie profane, je ne pouvais pas accepter de retrouver des tracasseries administratives au sein même de la confrérie. J'en avais assez comme ça dans la société « ordinaire » ! Je refusais à cet égard les alibis bon marché, consistant à soutenir que *nécessité fait loi*, qu'*il n'y a pas d'institution sans un support logistique approprié*, etc.

Nous qui ne cessions de répéter que les relations maçonniques se situaient à un niveau très différent du monde extérieur, nous qui étions liés par un serment de Fraternité garant d'un rapport de confiance réciproque, pourquoi donc nous entraver l'un l'autre par tant de mesquines procédures ?

Certains Frères blanchis sous le harnais finissaient par se demander, devant ce fatras administratif des Obédiences, s'il n'y avait pas là une volonté délibérée de mainmise sur toutes les Loges bleues. Leur autonomie s'en trouvait littéralement phagocytée.

La disparition des dinosaures a suscité les théories les plus loufoques pour expliquer sa soudaineté. L'une d'elles, aussi étonnante que farfelue, va me donner une image bien pratique. Certains savants américains ont tenté de prouver que les mastodontes reptiliens se sont étouffés sous la masse de leurs propres déjections. En somme, trop gros et trop nombreux, ils se seraient « noyés » dans leurs matières fécales. Pardon pour la distinction, mais c'est la voie que prend l'administration en général, et singulièrement l'administration maçonnique.

Entre cette boîte de Pandore que j'avais ouverte dans mon esprit à ma dernière Tenue et les chicanes administratives dues à mon changement d'Obédience, j'étais mal à l'aise. De plus, cet état d'esprit me faisait surprendre, à mon insu, des bribes de conversations qui alimentaient mon désarroi.

En reliant des faits et des circonstances dans une ligne logique, je commençais à reconstituer une réalité que mes premières années en Franc-Maçonnerie ne me permettaient pas de soupçonner.

Pour reprendre l'image shintoïste citée plus haut, je savais que ma vision du jardin zen était due à la position que j'avais adoptée. Mais assis à cet endroit, soulevant une pierre à ma portée, j'avais déniché une vipère lovée qui attendait son heure. Pire, j'avais cédé à l'impulsion morbide d'observer l'animal plutôt que de reposer doucement la pierre. J'étais ébranlé, chagriné, soucieux de ce que mon imprudence m'avait fait découvrir.

Le voile s'était déchiré. La jolie toile peinte de ce décor de théâtre avait un large accroc, par lequel j'apercevais une machinerie triviale. Le spectacle avait beau continuer, les scènes s'enchaîner et le texte de la pièce s'égrener sans interruption, je ne voyais plus que ce que l'accroc révélait.

Et enfin, il y eut le choc qui fissura les murs du Temple...

Les bouleversements politiques de l'élection de François Mitterrand le 10 mai 1981 provoquèrent de douloureux séismes.

Nombre de caciques, endormis sur leurs lauriers, apparemment ne voulaient pas comprendre que le piédestal sur lequel ils s'étaient mis eux-mêmes se fendait comme un melon trop mûr. Pour d'autres, soudain, tout paraissait possible et il semblait qu'il n'y ait pas de limites à leurs ratiocinations délirantes, à leurs projets grandioses et irréalistes, à leur désir d'en découdre avec les barbons installés depuis bien trop longtemps.

Certains Vénérables, ici ou là, passèrent du rôle de responsable de Loge à celui d'animateur involontaire de réunions politiques. Quelques-uns parvinrent à modérer les éclats et les dérives qui n'avaient pas leur place dans le Temple, d'autres ne furent pas des digues suffisantes pour contenir les débordements de Frères qui avaient oublié qu'ils portaient le tablier de Maçon.

Si le pire fut évité, il y eut quand même des démissions retentissantes et des crises silencieuses.

Pour moi, ce fut une démission silencieuse. Le rideau tombait sur la scène éventrée de ce théâtre que j'avais aimé avec passion. J'y avais découvert comment mener ma recherche, peaufiner mes sentiments, m'appuyer sur le rituel pour atteindre la concentration. J'y avais connu le plaisir de la Fraternité, la joie du recueillement dans la Chaîne d'Union, l'émotion de recevoir les néophytes ou d'écouter le brillant intervenant d'un soir. J'avais eu les yeux tournés vers l'Orient. J'avais *trouvé la Lumière*.

J'ai refermé la porte derrière moi, je suis descendu du parvis et je me suis tourné pour jeter un dernier regard sur la façade de cet immeuble dont j'avais franchi le seuil presque par hasard, quelque trente ans plus tôt.

Comme à ce moment-là l'impasse grouillait, exubérante ! Les cris des marchands, les rires des jeunes filles en jupes courtes au bras de jeunes hommes en jeans, les marchandages d'une Indienne en sari à l'accent de Ménilmontant, la faconde d'un poissonnier à l'accent d'Audierne. Paris qui vit, Paris gouailleur et facétieux.

Le tumultueux printemps s'ébrouant dans la perspective de l'été.

*
* *

Comment ai-je pu rester si longtemps dans un mouvement qui révélait peu à peu les lézardes de son édifice ? Comment toutes ces constatations sur les antagonismes, les dualités, les contradictions, comment cette accumulation de déceptions n'ont-elles pas fait s'effondrer le credo que j'avais patiemment construit ?

Aurais-je été comme ces curés de campagne qui protègent leur foi derrière l'écorce des chênes de leur paroisse avant de se frotter aux grenouillages de l'évêché et des prélats du Sacré Collège ?

Je me suis aperçu que de nombreux Frères partageaient des sentiments analogues, prenant acte des turpitudes de l'Ordre mais gardant intact l'élan originel de leur credo maçonnique. Beaucoup d'entre eux avaient connu, comme moi, ces cycles alternant les gouffres du doute et l'altitude du renouveau.

Et j'ai fini par croire que l'existence maçonnique, c'est cela : si les pieds nus souffrent sur la rocaille du chemin, la tête doit rester haute dans la clarté de l'espérance.

Et finalement, cette constatation n'est-elle pas applicable à toutes les édifications collectives ?

Et à la vie tout simplement ?

Chapitre 7

De l'Iconoclaste au prospectif

« Ce que vous aviez prévu pour
après-demain est arrivé avant-hier. »
Bertrand de Jouvenel

Pour une chapelle, il n'est pire ennemi que le paroissien qui ne voit pas le clocher comme les autres ouailles.

Tant pis, j'accepte d'être celui-là. On pourra instruire contre moi un procès en vanité ou en sottise prétentieuse. Je plaiderai une fois de plus le droit à l'erreur, le bénéfice du doute et la sincérité.

Je vais donc essayer de démontrer non seulement que notre société va dans le mur, mais que la Franc-Maçonnerie peut appartenir à ces institutions qui, si elles se réveillent, détruiront tout ou partie de ce mur avant le choc.

Ce raisonnement est relativement long, il fait appel à des notions très diverses. Je vous demande d'aller au bout et de juger ensuite.

D'ores et déjà, une majorité écrasante de nos contemporains avoue qu'elle supporte mal d'exister ! D'être tout simplement ! Faute de savoir gérer ce qui est plus une présence qu'une véritable existence. Une réalité virtuelle, comme disent les internautes. Une vie d'emprunt sur laquelle nombre de gens n'ont pas le sentiment de pouvoir peser, ni par leur action professionnelle — quand ils en ont une ! — ni par leur pouvoir de citoyen. Le *Village planétaire*, comme l'appelait le sociologue américain Herbert M. McLuhan, n'offre aux humains que la solitude, vue par le prisme d'un écran.

La démocratie n'est aujourd'hui qu'un mot que l'on nous jette à la tête, à travers ces écrans, sans que l'on sache très bien en général ce qu'il recouvre exactement. Tout au plus en a-t-on une vision manichéenne : la démocratie c'est bien, la dictature c'est mal.

Aussi, n'est-il pas inutile de rappeler très brièvement, et à gros traits, ce qu'est la démocratie.

Officiellement, elle est née en Grèce, à Athènes, aux alentours de 550 avant Jésus-Christ et c'est un certain Solon, riche commerçant, qui commence à envisager la Cité en classes sociales — ce nom n'apparaîtra que plus tard, mais c'est en gros la notion — qui chacune dispose d'un droit de regard sur la politique. En somme, il défriche un terrain sur lequel Clisthène, fils du dernier tyran de Cicyone, va bâtir les fondations. Cet homme-ci participe à une révolte populaire contre la tyrannie des Pisistratides et organise la résistance aux coups de boutoir de l'aristocratie soutenue par Sparte. Éphialtès, chef du parti des démocrates et contemporain de Clisthène, commence, lui, à monter les murs porteurs. Il ôte ses pouvoirs politiques et judiciaires à l'Aréopage — un conseil qui jusque-là présidait au destin de la Cité — pour les donner au peuple. Il sera assassiné par les aristocrates. Périclès, juste après lui, achèvera l'ouvrage. Au titre de stratège, réélu à ce poste quinze fois, de 443 à 429, il consolidera à la fois les défenses de la Cité et les murs d'un système démocratique.

La démocratie que ces hommes bâtissent n'est pas la nôtre, même si elle en est l'ancêtre. Elle est dite « démocratie populaire directe », les citoyens eux-mêmes prennent les décisions concernant la Cité. Avec un bémol de belle taille : le terme « citoyen » exclut les femmes, les esclaves et les métèques — étrangers à la Cité. Ça fait du monde ! Cette démocratie naissante est un bébé qui ne devra qu'à Périclès de vivre, elle s'enfuira quand la peste aura raison et d'Athènes et de Périclès.

Ses pas maladroits vont quand même la porter jusqu'à Rome où finalement, en 60 avant notre ère, le triumvirat composé par César, Crassus et Pompée va commencer à la poignarder avant de la faire taire pour longtemps. Elle aura vécu cinq siècles, avec des fortunes diverses et des avatars nombreux que d'excellents ouvrages vous relateront mieux que moi.

Elle ne réapparaîtra qu'au XVIIIe siècle au début duquel des philosophes, essentiellement anglais et français, s'en empareront et la feront renaître de ses cendres. C'est à ce moment qu'intervient la Franc-Maçonnerie. Dans ses Loges, les travaux vont bon train : la société est en pleine mutation, la monarchie, l'aristocratie sont dépassées, trop de pouvoirs sont concentrés dans les mains de trop peu d'hommes pour un monde géographiquement de plus en plus étendu. La structure maçonnique et ses principes de débats servent de modèle aux clubs révolutionnaires, qui essaiment bientôt un peu partout.

La Franc-Maçonnerie n'est pas bien sûr le seul moteur de la Révolution et des évolutions majeures qui en découleront. Mais elle en est l'un des rouages importants. On voit là que son ingérence dans les affaires de la Cité ne consiste pas qu'en dîners en ville, ou Fraternelles dans lesquelles les collusions proliféreraient.

Les révolutionnaires vont créer la notion non plus de « pouvoir citoyen » mais de « souveraineté nationale », et inventent la « démocratie représentative ». Seul un corps de représentants élus par la nation incarne la volonté nationale.

Elle est aussi une ancêtre de la nôtre, seulement une ancêtre, et c'est avec elle que l'Europe et les États-Unis soufflent les bougies du XIXe siècle.

Après un échec qui pèse lourd en vies humaines, je passe sur l'avatar de feu la cousine éloignée dite « démocratie sociale ». Issue de l'analyse marxiste, elle était censée passer par la « dictature prolétarienne ».

Entre-temps, elle est devenue la « démocratie libérale », puis elle s'est teintée d'une touche de « démocratie sociale », c'est-à-dire que, toujours parlementaire, elle a laissé le pouvoir intervenir de plus en plus dans la vie des individus, avec une technicité et une concentration croissantes.

Ça c'est la nôtre, on l'appelle « technodémocratie ». Le mot n'est pas de moi, c'est son nom.

Si nous voulons aller plus loin, il va nous falloir faire de la « prospective ». C'est quoi, cette bête-là ? Il s'agit, en gros, de la mise en œuvre de l'ensemble des sciences : humaines, sociales ou naturelles, selon une méthodologie précise. L'exercice est destiné à savoir plus ou moins à quelle sauce nous serons mangés.

La prospective, c'est un peu la science-fiction… sans la fiction !

On s'amuse encore quelquefois à la lecture de quelques ouvrages de Jules Vernes *Le Voyage au centre de la Terre*, par exemple. On sourit aussi à *La Guerre des mondes* de Herbert G. Wells. On vibre à *Sous les cavernes d'acier* avec l'enquêteur d'Isaac Asimov. Toutefois, on plaisante beaucoup moins à propos du *Meilleur des mondes* d'Aldous Huxley et encore moins après la lecture du prémonitoire *1984* de George Orwell. Tous appartiennent à ce genre littéraire, la science-fiction, qui, même si je ne suis pas de très près son actualité, doit continuer à produire des extrapolations osées, très largement imaginatives et fantasques… Du moins pour les contemporains de ces écrivains ! Car avec le recul nécessaire, ces textes apparaissent pour certains comme l'œuvre de visionnaires. Ainsi en est-il des deux derniers titres que j'ai cités. Ce *Meilleur des mondes* est à nos portes, et si Orwell a un peu poussé le trait, il n'est pas tombé si loin — j'y reviendrai.

Il n'y a qu'à lire *La Journée d'un journaliste américain en 2889* de Jules Verne pour saisir les dangers de la médiatisation à outrance, et *L'Île du docteur Moreau* de Herbert G. Wells pour son inquiétante préfiguration des manipulations génétiques. La prospective elle-même, en tant que science, c'est Isaac Asimov qui en avait eu l'intuition, la baptisant « psychohistoire » dans le cycle de *Fondation*. Ces auteurs, et sans doute leurs successeurs, ne faisaient pas qu'œuvre de fiction, ils se basaient aussi sur les réalités scientifiques, économiques, sociales et politiques de leur époque pour les projeter dans l'avenir par la force de leur imagination.

C'est pourquoi il m'a semblé indispensable d'évoquer, sommairement, quelques-uns des acquis scientifiques de ces dernières années. Loin de moi l'ambition de faire œuvre de vulgarisateur, je voudrais simplement faire saisir les retombées que certaines de ces découvertes n'ont pas manqué déjà de provoquer. Elles renforceront ces effets ensuite, et d'autres viendront encore agir sur notre mode de vie et au-delà sur tous les concepts, quels qu'ils soient.

Il ne tient qu'à nous de ne retenir de ces découvertes que le meilleur. Mais il faut faire vite ! La phrase de Bertrand de Jouvenel — pionnier de la prospective, fondateur émérite de Futurible, un centre de réflexions sur l'avenir — placée en exergue de ce chapitre résume fort bien la situation.

C'est peut-être là que la Franc-Maçonnerie a un rôle à jouer. Mais avant d'identifier les points de rencontre qui pourront s'instaurer, éventuellement, entre la (les) civilisation(s) naissante(s) et la tradition maçonnique, avançons dans notre exploration prospective en nous axant sur la Cité du XXIe siècle, après les tueries et la gabegie planétaire du siècle précédent…

Que l'on se rassure, je ne veux pas jouer les pythonisses, je n'ai pas les dons divinatoires infaillibles — hum ! — de nos modernes voyantes et devins.

La prospective, multidisciplinaire et rationaliste, se sert aussi de l'intuition. Sa méthodologie s'est affirmée avec le temps, si bien que la marge d'erreurs entre les prévisions et le déroulement des faits réels a une forte tendance à se réduire. Elle n'a pas la prétention de brosser un croquis aux lignes strictes mais une silhouette des futurs possibles. Elle vérifie, au fur et à mesure, si les événements de l'Histoire qui ont eu lieu se sont réalisés en conformité, au moins partiellement, avec ses prévisions.

Des circonstances impromptues peuvent infléchir les vecteurs des principales mutations envisagées. Cependant, pour ce qui est fondamental, ces scénarios du futur sont le plus souvent très proches du déroulement effectif de l'Histoire.

Il est donc légitime d'accorder quelque crédit, même prudent, aux projections vers l'avenir pratiquées au terme de ces études. Et ces études nous disent que, sauf catastrophe planétaire, il y aura autant de différences entre les contemporains de Marcel Proust et l'Homme des années 2030 qu'entre un australopithèque et un encyclopédiste des Lumières !

Une première observation s'impose. L'organisation sociale se dirige, irréversiblement, vers la centralisation des pouvoirs de décision, la fameuse « technodémocratie ». Le phénomène s'inscrit dans une progression qui résulte de la nécessaire spécialisation, à haut niveau, des fonctions exercées dans la Cité, qu'elles soient politiques ou économiques. Nous ne pouvons qu'en prendre acte. La complexité des tâches nécessite désormais l'emploi de cadres surspécialisés. Ce que résume fort bien un diplomate français en charge à Washington des affaires culturelles : *Nous aurons besoin au siècle prochain de micro-spécialistes sur des macro-sujets*. Bertrand de Jouvenel surenchérissait : *Nous allons assister à l'émergence d'une nouvelle aristocratie, celle de la connaissance*.

Pour parvenir à cette « techno-aristocratie », une sélection très sévère risque de bousculer les stratifications sociales traditionnelles. Il est également probable qu'une fois parvenus au sommet, ces techno-aristocrates, ces nantis du savoir, n'auront que mépris pour la plèbe.

L'hypothèse vous semble dantesque ? La plupart des spécialistes en prospective en sont pourtant convaincus.

C'est le modèle de *1984* de George Orwell, déjà cité. L'administration de la collectivité est confiée à une minorité qui domine la masse par des moyens de contrôle et d'asservissement. Ce sont la surveillance électronique généralisée et l'abrutissement médiatique. Je laisse le soin à mes lecteurs qui reliraient le roman de faire le lien entre la trame générale du livre et certains phénomènes que nous pouvons constater dans nos nations développées.

La polarisation de chaque individu vers la spécialisation à outrance devrait aussi avoir des conséquences lourdes sur la configuration urbaine. Estimant que tous les paramètres existants concourent à cette hypothèse, des chercheurs en prospective urbanistique ont déjà établi le profil des mégapoles du XXIe siècle.

On y trouve, autour d'un noyau central, des ceintures successives, concentriques, réparties par spécialisations : zones d'habitats, zones logistiques, zones de loisirs, etc.

Les cités de toutes dimensions conçues selon ce schéma concentrique sont reliées entre elles pour former une sorte de constellation qui est « connectée », selon une planification générale stricte, à des centres de production, de culture, d'enseignement, de services qui servent l'ensemble des agglomérations de la zone. Ces constellations sont ensuite reliées entre elles selon un maillage rationnel. Un peu à l'écart du dispositif général, des zones résidentielles luxueuses, isolées par des systèmes de sécurité, sont réservées à l'élite de l'activité de production et de planification. Ces rares zones seront le noyau, et le reste sera la pulpe.

Nous sommes plus proches de Sparte que d'Athènes.

Je suppose que certains ne verront là qu'une spéculation lointaine, dont la réalisation est peu probable. La majorité des spécialistes en prospective, toutes écoles confondues, adhère pourtant à cette perspective, considérant que beaucoup des paramètres concourent à l'aboutissement quasi inéluctable d'une configuration purement rationaliste et logique de la Cité du XXIe siècle. Ils la supposent effective aux alentours du premier tiers de ce siècle : 2033…

À l'issue de la période de mutation qui nous mènera vers ce schéma, et qui a déjà commencé, les humains vont d'abord s'efforcer de gérer leur existence dans la nouvelle ordonnance de leur espace. Il est peu imaginable qu'ils veuillent majoritairement opérer un brusque retour vers leur passé, au mieux en préserveront-ils les lignes de force.

Peut-on raisonnablement supposer que le système démocratique puisse être appliqué à cette gestion hypercentralisée de concentrations d'habitants rationnellement répartis mais coupés de leurs racines ? J'en doute…

Or, ce n'est pas tout.

Après un siège en règle, l'informatique nous a mis en cage sous la surveillance de puces de plus en plus vigilantes, comme le firent les singes du livre de Pierre Boulle. La robotisation des processus de fabrication laisse sur le bord du chemin la presque totalité de la main-d'œuvre non spécialisée, et elle attaque la spécialisée. L'interface planétaire, sa simultanéité, sa vitesse nous limitent bientôt aux seuls dialogues avec ses écrans, et bientôt au seul monologue de la machine.

Les expériences d'implantation d'électrodes dans des zones spécifiques du cerveau humain, destinées à déclencher des comportements programmés, nous ont fait frémir. Pour les spécialistes de la bio-robotique, elles ne sont plus depuis longtemps que des curiosités d'antiquaires. Ils en sont à imaginer un « cybernanthrope », un *Homo bionicus* qui a dépassé le stade du prototype. Déjà, on vient d'implanter directement dans le cerveau de certains aveugles une caméra qui leur permet de discerner les formes et, pour certains, les couleurs, le tout entièrement capté et codé par un objectif vidéo !

Les manipulations génétiques, dont l'une des manifestations les plus spectaculaires est le clonage, sont encore limitées. Mais c'est désormais vers notre propre espèce qu'elles se tournent. Plus vers les brebis. Les transmutations génétiques programmées aboutissent à des systèmes interchangeables de substances cellulaires. Sans même être outrageusement pessimiste, il n'est plus possible non plus de ne pas voir les risques de dérives eugénistes des technologies génétiques. Les chercheurs ont décodé la carte du génome humain, ils pourront la déchiffrer demain — que dis-je ? ce soir ! — comme on lit un mode d'emploi de machine à laver.

Qui préservera les nouveaux techno-aristocrates de la tentation d'une sélection des sujets, dès le stade fœtal, pour choisir qui fera partie du noyau et qui formera la pulpe ? Puis ensuite pourquoi pas une simple programmation neuro-informatique des sujets les moins intéressants pour la structure ?

Tout cela pour le bien de la collectivité scientifiquement planifiée, cela va de soi…

Extravagance de paranoïaque, n'est-ce pas ?

Peut-être… Mais alors, nombre de spécialistes de la prospective, qui n'ont pas eu peur de déchirer le rideau cachant encore la scène du prochain siècle, sont des paranoïaques particulièrement incurables.

Ce descriptif apocalyptique d'une société future fait peur. Pourtant cette silhouette macabre vaguement esquissée est l'ombre d'un monstre probable. Nous sommes à la fin d'un cycle. Jusqu'à présent, l'espèce humaine agissait sur son environnement pour préserver son existence. Désormais, elle peut agir sur elle-même, tant physiquement que socialement, et les sociétés du XXe siècle, malgré leurs sanglants soubresauts, sont irréversiblement moribondes.

La question est de savoir si la Franc-Maçonnerie, association à vocation initiatique, va se satisfaire béatement d'être le témoin de la mutation ou bien d'en être l'une des actrices. On aura deviné que c'est la seconde voie que je préconise.

Je sais que la Franc-Maçonnerie, attachée au destin de l'Homme mais chevillée au passé, a oublié de projeter ses objectifs au-delà d'une recherche purement spéculative.

Une bonne part des crises de civilisations auxquelles nous assistons sont dues à l'incompréhension réciproque qui s'est instaurée entre les fulgurantes percées techniques qui avancent de façon désordonnée et les concepts philosophiques et politiques qui traînent la patte. Montaigne est plus que jamais d'actualité : *Science sans conscience n'est que ruine de l'âme.*

Le XXe siècle, que l'historien anglais Eric Hobsbawn a baptisé *l'âge des extrêmes*, aurait pu être un second Siècle des lumières. Les naufrages de sociétés entières, les massacres de peuples entiers ne se sont pas soldés par une floraison d'idées et de propositions nouvelles, mais par un repli techniciste, rationaliste qui a achevé l'œuvre de démolition d'une Humanité déracinée.

C'est là, et nulle part ailleurs, que l'idéal de la Franc-Maçonnerie a son rôle à jouer. Comme au moment où elle se réunissait pour construire pierre à pierre une vision politique qui allait faire basculer tout un monde, cet « Ancien Régime » à l'agonie que la Révolution française a achevé.

Il n'est jamais trop tard. L'Homme contemporain s'est emparé depuis longtemps de toute sa planète. Elle n'est plus maintenant qu'un radeau dans l'espace qu'il regarde par le hublot de navettes spatiales. Il tourne les yeux vers le Cosmos, cette même Voûte étoilée qui orne les plafonds des Temples maçonniques. Si sa conception spirituelle du monde ne se restreint pas aux limites étriquées de sa chapelle, il peut encore franchir les distances qui s'offrent à lui, découvrir des réponses, imaginer des solutions, créer des systèmes nouveaux.

Mais comment la Franc-Maçonnerie trouvera-t-elle sa place dans un contexte qui n'a aucun rapport avec celui dans lequel elle s'est créée et développée ? Comment va-t-elle agir dans cette Cité neuve et inhumaine ?

Dans de telles conditions, les Francs-Maçons n'ont pas le choix. Ils ont le devoir de prendre acte d'un mécanisme, broyeur potentiel de l'identité individuelle, et de participer à la recherche de solutions de toutes leurs forces, de toute la puissance dont bénéficie encore leur institution. Il s'agit pour eux ni plus ni moins que de préserver, en un tout cohérent, l'essentiel des composantes intellectuelles et spirituelles de l'espèce humaine. Ils ne peuvent plus se contenter de tenir la chronique d'un désastre annoncé, sans quoi ce cadre de vie inconnu qui va émerger en quelques décennies deviendra le théâtre du massacre des deux tiers de l'Humanité par le tiers dominant.

Au-delà des turbulences qui ont discrédité la Franc-Maçonnerie aux yeux du public, celle-ci a préservé un contrat de confiance tacite, même s'il est inspiré essentiellement par un sentiment de curiosité pour ses pseudo-mystères. Je reste persuadé que beaucoup de Profanes attendent de l'institution maçonnique qu'elle soit une force de réflexion et de proposition.

Elle a le devoir de se réveiller et vite ! Il ne s'agit plus d'ésotérisme, de symbolique hermétique et autres contemplations extatiques ! C'est fini, ça... Le choix pour l'ensemble de la confrérie va se poser dès la prochaine décennie : rester dans l'orthodoxie hermétique et contemplative, ou descendre dans l'arène au risque d'y être lapidé.

Les plus lucides des Frères tenteraient bien l'expérience de s'échapper des Temples, de murmurer l'aveu qu'ils sont francs-maçons et d'engager le dialogue. Mais ils sont écartelés entre leur timide initiative et la réprobation des Obédiences. Beaucoup estiment que la Franc-Maçonnerie est dans une impasse.

Je pense qu'ils ont raison, à l'unique condition que l'on considère l'impasse à la manière de Raymond Devos : *Une impasse est une voie où l'entrée sert de sortie, parce qu'il n'y a pas d'autre issue.*

Ce n'est plus aux futurs Initiés qu'elle met un bandeau sur les yeux, c'est à l'institution elle-même. Elle tente de se dissimuler derrière ses préceptes pour renoncer à entrer en lice et assumer ses responsabilités envers la Cité, s'obstinant à ne jouer qu'un rôle initiatique. Elle me fait songer au faisan qui cache sa tête derrière une touffe d'herbe et qui pense, ne voyant plus le chasseur, qu'il en est de même pour lui. L'Ordre se drape dans un silence feutré. Mais il aura beau faire le gros dos, cela ne l'empêchera pas de recevoir les coups de boutoir de cette société à venir, qui n'aura que faire des parcours initiatiques, des tabliers, des cordons et autres billevesées. Nous n'en sommes plus aux tergiversations aujourd'hui, il faut accepter de descendre dans la rue sans ses oripeaux, ou brûler avec... Jamais, peut-être, la Franc-Maçonnerie n'a été placée dans une alternative aussi cruciale : évoluer ou périr.

Si le sinistre pronostic qui précède se réalisait, malgré les obstacles que quelques humains lucides mettront sur sa route, alors l'institution, contrainte d'assister silencieuse à l'assassinat de la liberté, aurait tout le temps de se consacrer à ses exégèses. Celles-ci auraient au moins le mérite de lui remettre en mémoire ce qu'elle a perdu, les notions fondamentales qui maintiennent la pérennité de la démocratie.

Le terrible cycle commence. Le viol des identités, individuelles ou collectives, est devenu la raison d'État. Même en se cantonnant au partage du savoir — sans parler de celui des richesses ou de la nourriture —, qui n'appartient qu'au tiers riche de la planète, l'étouffement intellectuel et culturel de millions d'êtres est patent. Leurs lectures se résument à un seul livre, un « Livre saint » — qu'importe duquel il s'agit. Les obscurantismes se réveillent parce que le monde sophistiqué a peur qu'en donnant du savoir à des nations abandonnées, à des groupes ethniques oubliés, ils ne s'émancipent, ils ne lui « piquent ses marchés ». Alors, nous essuyons nos pieds sur le paillasson devant la porte d'entrée du XXIe siècle. Ponce Pilate s'est bien lavé les mains, lui.

Je souhaite ardemment que le débat s'ouvre dans chaque Obédience. J'ai vécu, espéré, vibré de toutes mes fibres pour un idéal que je ne renierai jamais. Le moment est venu — je crois —, de créer un organisme à partir de ses multiples cellules, une forme vivante de la Franc-Maçonnerie. Elle aussi, comme l'histoire de l'espèce humaine, est à la fin d'un cycle.

La civilisation de demain naîtra peut-être sans elle, mais pas sans que l'on voie apparaître de nouveaux élans initiatiques. Déjà les charlatans se proclament gourous, il s'agit de ne pas leur laisser le monopole de la spiritualité.

L'idée du Temple est immortelle. De tout temps les hommes en ont édifié pour se prosterner devant leurs dieux, leur credo ou simplement pour se réunir. Ils y cherchent à se transcender dans la quête spirituelle ou philosophique, à sublimer un idéal partagé en commun. Pour cela, ils ont imaginé des rituels avec une trame et des symboles, des degrés vers la sagesse, autant de marches pour la connaissance de soi. Tous ces Temples, que ce soit au-dedans ou au-dehors, ont été bâtis par la Cité. Les rapports entre Initiés et Profanes ont été de toute nature, en respectant toujours cette idée qu'une sagesse ne peut être acquise sans effort, sans initiation.

Alors, pourquoi pas un Temple maçonnique nouveau, solidement bâti sur ses fondations séculaires, attentif à préserver le meilleur de l'Homme et résolument ouvert à la Cité ? Souvenez-vous, mes Frères, des principes posés dans les Constitutions. Il y est dit, notamment : *Les Francs-Maçons travaillent à l'amélioration constante de la condition humaine, tant sur le plan spirituel et intellectuel que sur le plan du bien-être matériel*. En outre, il leur importe de chercher à *unir les Hommes dans la pratique d'une morale universelle et dans le respect de la personnalité de chacun*.

Ce séisme qui nous attend, l'Histoire en a connu d'autres. J'en ai déjà cité quelques-unes, de ces civilisations prestigieuses… mais éteintes ! Leurs palais et leurs temples ont été envahis par le sable ou la forêt, on a beaucoup perdu de leur message, de leur vision du monde.

Est-on en train d'assister à un basculement du même ordre ?

Je ne veux pas le croire.

ÉPILOGUE

« Ils ne voient que leurs ombres,
et leurs ombres sont leurs lois.
Et qu'est-ce que le Soleil pour eux,
sinon un producteur d'ombres ? »
Khalil Gibran,
Le Prophète

Paris, 2017. Dans ce soir de printemps sur la capitale, les derniers travailleurs se hâtent de regagner leur logement des ceintures, et croisent les premiers noctambules qui cherchent les échoppes spécialisées du Quartier latin.

Venant du quai Saint-Michel, la Vieille Dame traverse le bras de Seine par le Petit-Pont, vers l'île de la Cité. Elle marche d'un pas précautionneux, s'aidant d'une canne ouvragée qui doit avoir plusieurs siècles. Elle pénètre sur la place du Parvis dans la lumière miraculeuse de ce soir de mai, et lève les yeux vers la cathédrale Notre-Dame. Dans le lacis de ses profondes rides, son regard n'a rien perdu de sa malice. Elle devine plus qu'elle ne voit le tympan de la porte Sainte-Anne. Et le souvenir revient.

C'était un soir de printemps pareil à celui-ci, en 1206. Sur le chantier couvert de poussière blanche, des hommes étaient au travail sur des blocs de calcaire, les pieds dans les chutes plus ou moins grossières, penchés sur des pierres aux divers stades de finition. Maître Martin leva le bras, appelant les Compagnons. Un à un, ils ramassèrent leurs outils et lui emboîtèrent le pas vers la petite cahute en planches mal jointes qui servait d'entrepôt pour la nuit. Le dernier, P'tit Louis, Apprenti Tuileur, ferma la porte derrière lui. Maître Martin s'assit au fond, face à la porte, et alluma une chandelle qu'il posa sur une planche à sa droite. Sur un signe de sa main, un Compagnon prit un bâton et traça à même la poussière le long rectangle du tapis de Loge, autour duquel chacun s'assit dans l'ordre strict de son grade. Aucun n'avait encore quitté son tablier de travail, tous étaient hirsutes et sales après une journée harassante. Maître Martin donna sans plus attendre la parole à Godefroy, Premier Maître Tailleur, pour qu'il fasse le bilan de cette journée de travail sur la façade occidentale de la cathédrale.

— C'étaient des Purs, dit la Vieille Dame à haute voix.

Ce qui fait sursauter la jeune fille longiligne qui passe à sa hauteur. Elle pouffe en regardant la silhouette voûtée se diriger vers la rue d'Arcole.

Elle en a franchi des siècles, la Vieille Dame, depuis le temps des cathédrales ! Remontant vers la rue François-Miron, elle se souvient de l'ancienne place de Grève où les ouvriers s'assemblaient, et d'un ancien Temple maçonnique qu'il y avait par là, derrière l'église Saint-Gervais, une porte discrète donnant dans la rue des Barres. C'était un temps où les Frères se glissaient le soir dans la pénombre, à pas feutrés, se saluaient à peine sur les trois marches avant d'entrer dans la relative sécurité du hall, rebaptisé « parvis », où les accolades étaient plus franches. Le Tuileur lançait un coup d'œil circulaire pour s'assurer que la rue était déserte, qu'aucun regard indiscret n'épiait aux environs ! Ces précautions n'étaient pas inutiles. L'Église catholique, apostolique et romaine vendait plutôt bien ses « indulgences », les tickets pour le Paradis rapportaient gros. Le peuple écoutait, prosterné et terrorisé, cette Vérité révélée par un souverain pontife qui s'était investi de la vertu d'infaillibilité, et avait décrété — infailliblement — que les Francs-Maçons étaient interdits d'églises et de sacrements. On leur faisait la chasse : une « indulgence » gratuite, c'était toujours ça de pris…

— Folie ! lance-t-elle, mais cette fois personne n'a entendu.

La Vieille Dame se rappelle aussi les crinolines et les souliers vernis à boucles, les Frères au gilet bien ajusté, la chaîne de montre bien visible, la lavallière sur le col cassé. Les fiacres et les monocles.

Toujours trottinant, elle parvient enfin dans cette impasse coincée entre deux immeubles. Il n'y a plus les marchandes de quat'-saisons qui l'animaient autrefois, elle sait que le gouvernement ne tolère plus désormais les commerces ambulants dans les zones d'industries de services comme celle-ci. Les trottoirs sont propres, mais elle regrette l'atmosphère qui régnait encore il y a quelques années.

La Vieille Dame est un peu en avance, mais elle ne tarde pas à voir arriver des hommes qui s'engagent dans l'impasse par petits groupes ; la plupart sont en complet-veston, la mallette du bureau encore à la main. Ils échangent quelques mots, se donnent l'accolade sur le seuil de ce grand immeuble qui abrite une Loge depuis près d'un siècle.

La Vieille Dame se décide, s'appuie sur sa canne et traverse l'impasse pour les rejoindre, devant l'imposante porte de boit brut ceinte de sa curieuse chaîne.

— Bonjour, mes Frères.

Les hommes se retournent vers elle, l'un d'eux lui demande :

— Peut-on savoir qui vous êtes, Madame ?

— Je suis la Franc-Maçonnerie, jeune homme.

Le « jeune homme », qui va tout de même sur ses soixante-dix printemps, esquisse un sourire.

— La Franc-Maçonnerie ? Voyez-vous ça !

— Oui. Ou du moins son incarnation, surenchérit la Vieille Dame. J'avais l'intention d'assister à votre Tenue de ce soir. Y voyez-vous un inconvénient ?

L'assistance est un peu ébranlée par cette curieuse déclaration, mais le « jeune homme » ouvre la grande porte et dit d'une voix haute, sans la moindre hésitation :

— Messieurs, Mme la Franc-Maçonnerie sollicite notre accueil fraternel ! Je vous propose de lui souhaiter la bienvenue.

Sur des tons divers, plus ou moins en même temps, le petit groupe prononce les mots de bienvenue à cette singulière visiteuse. Le « jeune homme » fait un geste galant pour inviter la Vieille Dame à pénétrer la première dans le grand hall. Elle entre, aussitôt suivie des Frères qui échangent quelques mots étonnés. Elle prend une minute pour contempler la *Déclaration des droits de l'homme*, tandis que les Frères se dirigent vers le Temple pour enfiler leur tablier.

Quant à son tour, la Vieille Dame franchit la porte de la grande salle de Loge, certains ne sont pas installés. Les commentaires sont allés bon train en son absence, certains avouent avoir été subjugués par son regard. Tous reconnaissent en tout cas que l'on n'a jamais vu ça. Comme par enchantement, la Vieille Dame porte un vieux tablier de cuir élimé, sans autre ornement que des traces blanches de poussière de calcaire. Inexplicablement, un « Ah » général de satisfaction accompagne son entrée.

— Que se passe-t-il ? s'enquiert le Vénérable assis sur l'estrade à l'Orient.

C'est le « jeune homme » qui lui répond :

— Madame ici présente est l'incarnation de la Franc-Maçonnerie, elle souhaite assister à notre Tenue.

Sans se démonter, comme si l'événement était parfaitement courant, le Vénérable Maître déclare simplement :

— Très honoré, Madame. Prenez place, je vous en prie.

La Vieille Dame, souriante, se dirige sans hésiter vers la Colonne du Nord, et choisit une chaise parmi les Apprentis, tous néophytes il y a encore peu de temps. Ils la dévisagent avec curiosité, mais s'inclinent respectueusement, l'un après l'autre. On devine dans leurs regards interloqués la question qui les traverse : « Est-ce là quelque nouvelle tradition initiatique ? » La Vieille Dame les rassure d'un sourire énigmatique.

Le Vénérable procède à l'ouverture de la Loge. Elle se tient droite sur sa chaise, les mains soigneusement posées sur les genoux, dans l'attitude traditionnelle d'un Frère ou d'une Sœur en Loge, et observe le Temple sacré. Elle constate avec plaisir que tous les tabliers sont blancs, du Vénérable à l'Apprenti, sans autre décoration que des rubans discrets de couleurs différentes.

Sur la Colonne du Midi, en face, les Maîtres et les Compagnons poursuivent leur bavardage en lançant des coups d'œil furtifs vers la Vieille Dame. Une « incarnation », hein ? Il y a même un Frère Maître qui rit sous cape, la main devant la bouche. Ses yeux rieurs trahissent une indépendance d'esprit difficile à dissimuler. La Vieille Dame y lit une incrédulité moqueuse à l'égard de cette extravagante invitée d'un soir. Elle pense à quelqu'un qu'elle a croisé dans une Loge du côté de la rue de Flandre, en 1798 ou 99. Il avait un œil à peu près comme celui-là.

La Tenue commence. Le Premier Surveillant, suivant le rituel, accomplit son Office avant d'indiquer au Vénérable Maître, par la phrase consacrée :

— Tous les assistants sont francs-maçons.

La Vieille Dame glisse vers le Vénérable un regard malicieux.

L'Expert, qui a notamment la charge, avec le Maître des Cérémonies, de disposer la Loge pour qu'elle soit *juste et parfaite*, ouvre le livre de la Loi sur lequel sont prêtés les Serments au moment des initiations. La Vieille Dame constate que, dans cette Loge, c'est la Bible qui tient ce rôle.

« La Bible ! songe-t-elle en regardant la Tenue suivre son cours. Je n'aurais jamais cru que ce conte épique fasse tant d'usage. Il faut dire qu'ils sont parvenus là à tout raconter à la fois ! Joies et douleurs, espérances et détresses, paix et violence, amour et haine… Une *histoire pleine de bruit et de fureur*, toute de symboles. C'est aussi bien celle du traître et celle du sage, celle de la mère et celle de l'enfant, celle de l'orgueil des rois et du supplice de l'innocent. Je comprends qu'elle continue de séduire aussi bien les croyants que les athées. » Tout en pensant à ces épisodes formidables du Livre des livres, la Vieille Dame exécute avec application les gestes symboliques et participe d'une voix fluette aux acclamations.

Arrive le moment de la minute de symbolisme, traditionnelle dans toutes les Loges. Elle a pour thème ce soir-là *la Voûte étoilée*. La Vieille Dame se souvient des débats interminables de la fin du XXe siècle sur cette minute symbolique. On ne savait jamais très bien dans les Loges bleues quels critères retenir, jusqu'à quels degrés aller, quelles cachotteries de collégiens faire pour décider de ce qui devait être ou non révélé aux Apprentis et aux Compagnons.

La Vieille Dame constate avec plaisir que ces débats creux ont été réglés, au moins ici. Le Frère dépasse allégrement sa « minute » et s'aventure dans les dédales de la cosmologie, sans omettre aucun symbole, y compris la signification cosmique du toit du Temple, qui représente précisément une constellation d'étoiles. L'orateur lui jette fréquemment des regards inquiets. Elle le soutient d'un sourire ou d'un hochement de tête. Comme le Cosmos, elle est elle-même intemporelle. Elle pourrait lui en apprendre de belles sur la marche des planètes !

La principale partie de cette Tenue solennelle est une conférence, long rappel de l'historique de l'Ordre des *Pauvres Chevaliers du Christ* créé en 1119 à Jérusalem par Hugues de Payns, et plus connu sous le nom de *Templiers*. Le conférencier est un historien universitaire renommé et perd quelquefois ses auditeurs dans des détails d'une précision un peu inutile. Mais la Vieille Dame apprécie beaucoup l'interprétation qu'il fait des différentes rencontres des Templiers avec l'Ordre maçonnique. Le conférencier fait ensuite une description circonstanciée de la dérive de leur Ordre quand ceux-ci, après la chute de Saint-Jean-d'Acre en 1291, deviennent richissimes et essentiellement préoccupés de pouvoir. Le courageux conférencier va plus loin en comparant cette perte des repères avec les dérives de la Maçonnerie des années 1970 et 1980. Il pousse jusqu'aux années 2000 et ouvre son propos dans une belle conclusion évoquant la Grande Assemblée inter-obédientielle refondatrice de 2005 qui a vu la refonte complète de l'Ordre des Francs-Maçons. Enfin, complète, si l'on excepte la Grande Loge d'Angleterre, évidemment.

La hardiesse de ce parallèle prend les Frères par surprise, mais le regard de la Vieille Dame est pour beaucoup dans le courage que le conférencier s'est soudain trouvé. Pendant le brillant exposé, plusieurs Frères se sont tournés vers elle : elle ne lâchait pas l'orateur des yeux, forçant les autres à l'écouter.

La conférence prend fin, laissant l'historien de la Faculté pantelant, un peu dépassé lui-même par la force de son propos. Le Vénérable se prépare à clôturer la Tenue et pose la question rituelle :

— Je suis prêt à donner la parole à tous ceux qui la demanderont, dans l'intérêt général de la Franc-Maçonnerie et de cette respectable Loge en particulier.

La Vieille Dame lève une main, bien droite, bien nette. Le Premier Surveillant, sur la Colonne du Midi, s'éclaircit la gorge, un peu ému :

— La Vieill… L'incarnation de notre Ordre demande la parole…

— Donne-la-lui, mon Frère, répond aussitôt le Vénérable.

— Tu… Euh, vous avez la parole ! relaie le Frère Surveillant, n'osant à la dernière seconde utiliser le tutoiement à l'égard de la Vieille Dame.

Celle-ci se lève et adopte la posture rituelle du Franc-Maçon en Loge. Les chuchotements se taisent, et elle commence d'une voix lente et grave :

— En vous remerciant de m'avoir accueillie sur la simple foi de mon affirmation, j'aimerais vous dire un peu mieux qui je suis. Malgré les annales officielles, les circonstances de ma naissance sont restées floues. Je suis issue de la nuit des temps, héritière d'une longue tradition initiatique qui remonte aux origines de l'Humanité. Je ne connais pas moi-même toutes les sociétés oubliées qui ont construit des civilisations privilégiant une série d'épreuves, où chacun devait affronter des risques successifs pour gravir les échelons de la collectivité à laquelle il appartenait. À croire que le parcours initiatique est le propre de l'Homme. Sans lequel il ne conçoit pas de hiérarchie légitime.

Elle ramasse sa canne et avance d'un pas sur le damier avant de continuer :

— N'oubliez pas, mes Frères, comment ces prestigieuses civilisations ne nous ont laissé que des témoignages épars et incomplets de leur grandeur. J'étais jeune alors. J'ai connu l'initiation des prêtres égyptiens, le parcours babylonien au côté de Pythagore.

J'ai participé aux mystères d'Éleusis, rencontré les Chevaliers que le Frère évoquait à l'instant, assisté à leurs adoubements, survolé de nombreux rites perdus pour la mémoire des Hommes. Puis est venu le temps où j'accompagnais les Compagnons sur les routes. L'un d'eux, Martin de Montpellier, m'a donné ceci.

Elle brandit la canne ouvragée dans le silence attentif et la tourne vers l'Orient.

— J'ai été témoin, bien sûr, des balbutiements fiévreux de la vision spéculative, prolongement de toutes les vocations initiatiques qui l'avaient précédée. J'ai connu nos Frères Mozart, Voltaire, Goethe, La Fayette et beaucoup d'autres. Dont un certain Talleyrand, mon Frère, auquel vous ressemblez fort.

Elle a planté ses yeux dans ceux du Frère qui riait tout à l'heure. Il ne détourne pas son regard.

— Oui, mes Frères ! Je n'ai cessé d'être une présence discrète à vos côtés, de vous observer comme une mère surveille ses enfants, avec amour et tendresse, prête à tout vous pardonner malgré ma sévérité.

Elle fait une pause, reprenant son souffle.

— Et vous m'avez traînée dans la boue…

Les épaules s'affaissent, beaucoup n'osent pas croiser le regard de la Vieille Dame et fixent qui ses ongles, qui ses chaussures.

— Mais heureusement, ce temps semble révolu. Vous avez retrouvé ce sens du recueillement collectif, qui marque le pas sur le parvis. Après cette préparation profonde, intérieure, vous savez de nouveau accéder à l'espace sacré, à ce tapis de Loge tracé dans la poussière, avec toute la disponibilité et l'ouverture nécessaires à ce que vous allez vivre. Vous avez su préserver tout cela, vous avez été les gardiens fidèles et attentifs de cet héritage. N'est-ce pas ?

Les Frères regardent le Surveillant qui regarde le Vénérable qui regarde le candélabre posé sur son bureau. Les yeux de la Vieille Dame ont suivi cette progression jusqu'à lui. Elle répète :

— N'est-ce pas, Vénérable Maître ?

L'homme qui se fait appeler « Vénérable » semble avoir pris dix ans en quelques minutes, il acquiesce d'un lent mouvement du menton. Inexorablement, il se sent à l'unisson de ses Frères de Loges, sur le seuil d'une initiation inattendue. Il se lève, la Loge dans son ensemble en fait autant. Il tend la main au Surveillant à sa gauche, à celui de droite. Dans les Colonnes aussi, les mains se joignent. Quelques-uns se déplacent pour atteindre la Colonne d'en face, pour gagner l'estrade du Maître. C'est bientôt une étrange Chaîne d'Union qui s'est formée un peu au hasard. Mais elle est forte. Au centre de cette puissante concentration d'énergies individuelles se tient la Vieille Dame.

— Il s'en est fallu de peu que le Temple que vous disiez vouloir construire ne s'effrite. Les murs tremblaient au moindre courant d'air, sur des fondations pourtant solides. Mon cœur saignait en vous voyant attifés de tabliers somptueux, de sautoirs scintillants d'or, de bijoux rehaussés de pierreries, de cordons richement brodés. Toutes ces bimbeloteries brillaient de faux éclats dont l'hérésie ne vous troublait même pas. Mais aujourd'hui, il semble qu'heureusement vous avez laissé vos métaux à la porte du Temple. Gardez-vous de vous en fabriquer de nouveaux, comme Aaron fit édifier un Veau d'or. Gardez-vous d'oublier la simplicité de vos décors, gardez-vous d'oublier la modestie qui est votre ciment. Vos pères ont failli tout perdre de l'avoir oublié, vous avez su le retrouver.

Le soulagement passe sur les têtes qui de nouveau sourient. Pas pour longtemps, car la Vieille Dame reprend d'une voix claire et forte :

— Mais vos bavardages et vos apartés sont bien éloignés de la quête attentive de l'Initié. Je redoute fort que beaucoup n'en aient plus que le titre. Qu'allez-vous faire de notre pensée, de cette éthique maçonnique qui a inspiré la liberté à tant de générations, tandis que les hommes et les femmes agonisent aux portes du Temple, sans que vous leur portiez ni aide et ni assistance ? Si vous dites avoir pris la mesure des erreurs passées de vos Frères, c'est à croire que vous avez gardé le pire : le fallacieux prétexte de ne pas mélanger les genres, de sauvegarder la substance initiatique, comme si l'hermétisme était un formol qui pourrait la conserver. Vous n'avez fait que la moitié du chemin, et vous vous êtes complu encore dans les spéculations vaporeuses.

À nouveau pétrifiée, l'assistance courbe l'échine sous la volée de bois vert. La Vieille Dame, malgré sa frêle silhouette et l'effort de sa longue diatribe, semble ne rien avoir perdu de sa volonté. Mais sa voix se fait plus douce :

— Mes Frères, vous êtes presque encerclés au milieu de la tempête qui déferle sur cette Terre. Vous aussi êtes sur ce radeau qui menace ruine, et que ses occupants massacrent jour après jour. Notre Terre est peuplée d'orphelins et, tandis qu'une société qui s'effrite ne songe même plus à ramasser ses miettes, la tendresse est devenue la veuve de l'amour. Ce monde est plein de majestueuses contradictions, vous en êtes l'une des plus solides. Oubliez l'intransigeance de la logique, la rigueur vaine de l'exégèse et retrouvez votre imagination. Elle qui est la version poétique de la raison, une escapade, une évasion flamboyante et créatrice. Il est temps que vous redécouvriez l'exemple de vos Anciens, que vous réappreniez la Loge, que vous reconstituiez cette cellule, ce microcosme dont l'osmose avec les autres Loges fera de notre Ordre un organisme enfin vivant, actif et plein de force. Renoncez aux titres et aux honneurs inutiles, à ce cérémonial et à ces fastes qui ne montrent que votre frilosité. Réservez donc la solennité du geste et du verbe à la seule expression de nos principes fondateurs. Redevenez de vrais et authentiques Francs-Maçons, détenteurs de traditions fondatrices mais aussi porteurs d'idées neuves. Sur ce chemin escarpé loin du Temple, vous devrez ignorer les sarcasmes, expliquer sans relâche, supporter les pierres qu'on ne manquera pas de vous lancer à la face.

La Vieille Dame tourne lentement sur elle-même et chaque Frère, à son tour, sent son regard le transpercer.

— Vous qui vous prétendez Initiés, vous avez le privilège d'être parmi les derniers porteurs d'un message de tolérance, de respect des autres, d'ouverture et d'écoute. Et vous avez le devoir, au seuil d'une métamorphose de l'Humanité, d'apporter votre pierre au renouveau. Beaucoup de Profanes attendent et espèrent confusément quelque chose de vous. Quoi qu'ils en disent, ils éprouvent de l'estime, oui de l'estime, pour notre Ordre.

Cette fois, la Vieille Dame s'interrompt, comme si elle cherchait sa respiration. Elle se penche en avant, s'appuie sur sa canne d'une main légèrement tremblante. Un Apprenti, derrière elle, fait mine de s'avancer pour la soutenir. Sans le voir, elle a senti le mouvement et, d'un geste étonnamment vif, lève la main pour l'arrêter.

— Non, fait-elle d'une voix ferme. Ça ira. Laissez-moi poursuivre. Notre Ordre ne survivra pas aux tergiversations et… vous ne pouvez pas laisser la rouille de la vieillesse aigrir cette magnifique utopie que vous avez portée pendant des siècles. Je ne désespère pas de vous, pas plus que je ne vous condamne. Je ne vous demande pas, surtout pas, de brader les traditions qu'on vous a léguées. Ce que j'implore, c'est que vous prépariez le futur dès maintenant, que vous vous rassembliez, authentiques à nouveau, à partir du puzzle des Obédiences rivales. Rappelez-vous du miroir de l'Apprenti, et contemplez-vous. Et bientôt…

Elle se tait une fois de plus.

— Et bientôt, c'est moi que vous… moi que vous verrez…

Elle a du mal à réprimer une toux sèche.

Le Vénérable demande :

— Voulez-vous vous reposer avant de poursuivre ?

La réplique cingle :

— Non ! Mais êtes-vous aveugles, ne voyez-vous pas qui je suis ? Si je vais mal, croyez-vous que vous allez m'aider en soutenant cette image de vieille femme, qui n'est que mon incarnation sur cette Terre ? Croyez-vous que je puise mon énergie dans votre compassion ? Non… Je la tire de votre capacité, à tous, à puiser dans *ma* mémoire la force de créer du sens et de la conscience, là où il n'y a que chaos et perdition. Mais… mes Frères, je crois que… j'ai été trop longue.

— Absolument pas ! s'empresse le Vénérable. Bien au contraire, j'ai la certitude que tous les Frères, ici présents, seront amenés à réfléchir sur l'avenir de notre Ordre. Votre intervention était…

Ils ne sauront jamais comment le Vénérable a trouvé cette « intervention ». Tous ont en effet le regard rivé sur la silhouette de la Vieille Dame, qui s'estompe irrésistiblement. Elle n'est plus bientôt qu'un ectoplasme, puis un voile léger comme un nuage, puis… Plus rien ! Au milieu de cette Chaîne d'Union qui a été d'une intensité presque insupportable, il n'y a plus rien. Un instant, les lumières du candélabre à l'Orient semblent briller comme des étoiles, puis elles reprennent une intensité plus ordinaire.

Dans un silence pesant, le rituel de fermeture des travaux est expédié sans grande concentration, chacun paraît perdu dans ses pensées.

Ont-ils rêvé cette Tenue extraordinaire ? N'était-elle que la transposition d'un désir, d'un espoir ?

On éteint les flambeaux l'un après l'autre. Lorsque l'électricité a repris ses droits pour la sortie du Temple, un Apprenti — celui qui s'était porté en avant quand la Vieille Dame a vacillé — se dirige vers l'endroit où même lui n'est plus très sûr de l'avoir vue. Sur un carreau noir du dallage, celui précisément où elle s'est peut-être tenue, il manque marcher dans un curieux et compliqué tas de poussière blanche. L'Apprenti se penche et lit :

Ce n'est qu'un au revoir, mes Frères…

ANNEXES

Annexe 1

Rive orientale

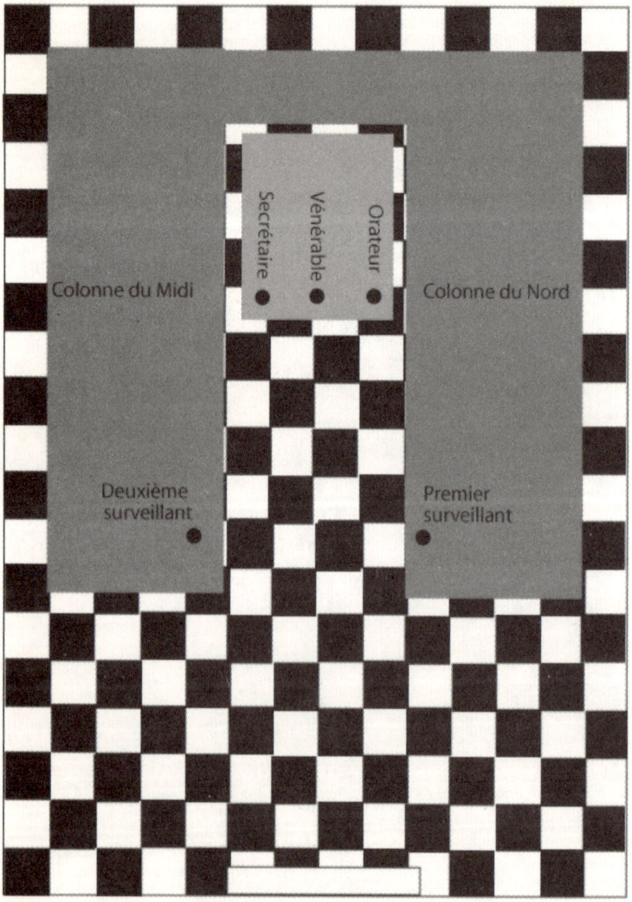

Rive occidentale

Plan du Temple

Annexe 2

GRADES DE LA MAÇONNERIE

Les trente-trois grades du rite écossais ancien, pratiqué dans la plupart des Obédiences françaises.

Il est important, pour le Profane, de replacer ces titres emphatiques dans leur contexte historique.

La naissance des degrés dits « hauts grades » (au-delà du 4e) remonte à 1754 et a fait l'objet d'une charte constitutive en 1761, pour l'Amérique du Nord. Celle-ci a été entérinée par le Suprême Conseil des Souverains Grands Inspecteurs généraux du 33e degré, en 1801, à Charleston (Virginie, États-Unis). Leur intitulé pompeux n'a qu'une valeur symbolique, se référant le plus souvent à la construction du Temple de Jérusalem.

La plupart de ces grades ne font pas l'objet d'une initiation particulière, ils sont transmis « par communication ».

Apprenti
Compagnon
Maître
Maître secret
Maître parfait
Secrétaire intime
Prévôt et Juge
Intendant des bâtiments
Maître élu des Neuf
Maître élu des Quinze
Sublime Chevalier élu
Grand Maître Architecte

Royal Arche
Grand Écossais de la Voûte sacrée
Chevalier d'Orient
Prince de Jérusalem
Chevalier d'Orient et d'Occident.
Souverain Prince rose-croix
Sublime Écossais
Vénérable Grand Maître de toutes les Loges
Noachite
Prince du Liban
Chef du Tabernacle
Prince du Tabernacle
Chevalier du Serpent d'airain
Prince du Merci
Souverain Commandeur du Temple
Chevalier du Soleil
Grand Écossais de saint André d'Écosse
Chevalier Kadosh
Grand Inspecteur Commandeur
Prince du royal secret
Souverain Grand Inspecteur général.

Glossaire

Agapes : Dîner qui se tient à la fin d'une Tenue.

Atelier : Le lieu où se tient la Tenue et, par extension la Loge elle-même.

Capitation : Cotisation annuelle due à la Loge.

Chaîne d'Union : Elle s'effectue avant la fermeture de travaux. Bras entrecroîsés, les mains des Frères s'enlacent, chacun formant l'un des maillons de la chaîne. L'échange silencieux et fusionnel est censé concrétiser l'égrégore.

Colonne : Travées de sièges répartis de part et d'autre de la Porte étroite. Les Apprentis au Nord, les Compagnons au Midi, les Maîtres sur l'une ou l'autre. Elles sont le rappel des colonnes d'airain du Temple de Salomon, et représentent les deux principes actifs de la réalité : masculin et féminin, actif et pasif, etc.

Couvreur : Le Frère qui garde la porte du Temple.

Dîme : Droit d'entrée.

Égrégore : Vision symbolique, âme collective née de la convergence des initiations vécues, censée réunir l'énergie des Frères rassemblés en Loge.

Gants blancs : Gants que portent les Frères réunis en Loge, symbolisant la pureté du travail manuel.

Grand Architecte de l'Univers : L'Ordonnateur des choses et du monde, rappelant symboliquement Maître Hiram, architecte du Temple de Jérusalem. Vision laïque de la déité.

Hospitalier : Frère chargé de rassembler les oboles volontaires, dans un but de solidarité et d'entraide.

Loge : Ou *Atelier* (voir ce mot). Les « bleues » regroupent les Frères du 1er au 3e degré. Celles dites « de perfection », les Frères du 4e au 18e degré.

Office : Charge particulière d'un Frère. Elle n'est jamais définitive.

Officier : Frère responsable d'un Office. L'Officier de Loge est responsable de l'organisation et du déroulement d'une Tenue.

Orateur : Frère ayant pour office d'énoncer les conclusions d'une conférence en Loge et du discours de bienvenue aux nouveaux Initiés.

Orient éternel : Origine symbolique de la lumière. Le Frère décédé passe à l'Orient éternel — ce qui donne lieu à de nombreuses interprétations.

Outils : En référence à ceux des compagnons bâtisseurs, désignent les moyens des travaux en Loge.

Parvis : Espace situé devant l'entrée d'une Loge.

Planche : Écrit, lettre ou exposé. La « planche tracée » est un compte rendu.

Plateau : Bureau triangulaire des Officiers de la Loge (Vénérable, Orateur, Secrétaire)

Surveillants : Frères placés sur chaque Colonne, ayant la tâche de l'ordonnance et de la régularité des Frères siégeant sur leur colonne respective. Ils font face au Vénérable. Le premier, assis au Midi, est chargé de la formation des Compagnons. Le second, au Nord, de celle des Apprentis.

Tablier : Il est porté par chaque Frère pendant une Tenue solennelle, référence au travail manuel.

Tenue : Ensemble des travaux d'une Loge, incluant les rituels. La Tenue blanche, au rituel simplifié, est ouverte aux Profanes. « Blanche fermée » : auditeurs maçons, conférencier profane. « Blanche ouverte » : auditeurs profanes, conférencier maçon. La Tenue solennelle ne comprend que des Maçons.

Tronc de la veuve : L'aumônière recevant les dons gérés par le Frère hospitalier.

Tuileur : Responsable de la Porte étroite, celle que le Candidat doit franchir courbé et qui sépare l'espace profane de l'espace sacré.

Vénérable : Président d'une Loge, maître en chaire, élu pour un an par les Maîtres de l'Atelier.

Voûte étoilée : Plafond de la Loge, symbolisant le cosmos.

Table des matières

Collection Documents
(Extrait)

— *Crédit Lyonnais - La mascarade* / Jean-Loup Izambert
— *J'ai été franc-maçon* / André Clodic
— *Les Arnaques à la consommation* / Irène Avgerinidis - Valérie Pineri
— *God Bless Africa* / Bernard Lugan
— *Corps accord - Vivre en harmonie* / Le Yogi Coudoux
— *La Sorcellerie au coeur de la République* / Sylvie Jumel
— *Le Pentagate* / Thierry Meyssan
— *L'Effroyable Imposture* / Thierry Meyssan
— *Écologistes, petites esbroufes et gros mensonges* / Jean-Paul Croizé
— *Le Crédit Agricole hors la loi ?* / Jean-Loup Izambert
— *Menaces islamistes* / Pierre-Henri Bunel
— *Asiles de la honte* / Pascal Colombani
— *Diana et Dodi - Le guet-apens* / Hugo Nhart
— *Téléphones portables - Oui, ils sont dangereux* / Dr G. Carlo / M. Schram
— *Lions Club - L'enquête interdite* / Hugo Nhart
— *Crimes de guerre à l'Otan* / Pierre-Henri Bunel
— *Erika : le naufrage de complaisance* / Alain Malardé
— *Le Dossier noir des cartes bancaires* / Pascal Colombani
— *Les Armes de l'ombre* / Marc Filterman
— *Lumières sur la Lune* / Philippe Lheureux

— *Femmes de l'espace* / Anne-Catherine Souchon
— *Confessions incisives d'un dentiste* / Alain Amzalag
— *La Délinquance des mineurs* / Laurence Cavé
— *L'Amour polysexuel* / Jean-Bernard Roggeman
— *Ovni, enquête sur des faits* / Hugo Nhart
— *Terreurs virtuelles* / Jean-Paul Ney
— *Cyclone de l'enfer* / Irène Jarry
— *Le Temps des puces* / Bruno Marzloff - Stéphane Glaziou

Imprimerie France Quercy - Cahors
N° d'impression : 30679/